AF591617

EMPRUNT D. MIGUEL

EMPRUNT PORTUGAIS DE 1832

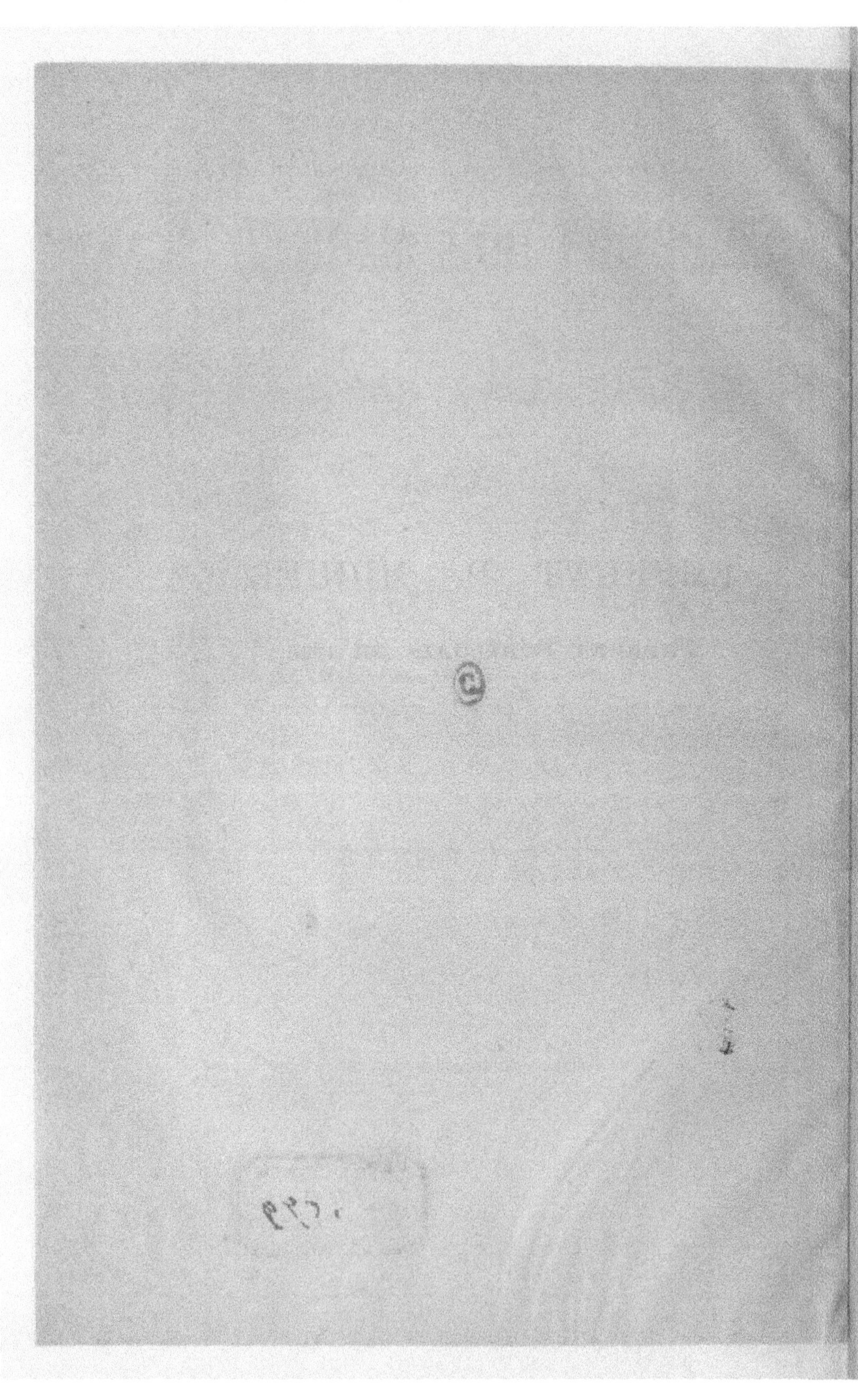

EMPRUNT DOM MIGUEL

(EMPRUNT PORTUGAIS DE 1832)

RÉSUMÉ DES TRAVAUX

DE

M. H. BECKER

AVOCAT AU BARREAU DE PARIS

PAR

M. ÉTIENNE VATTIER

Avec Avis et Consultations de MM.

Edouard LABOULAYE, Membre de l'Institut de France.
Charles VERGÉ, Membre de l'Institut de France.
Maurice BLOCK, Publiciste.
J. BOZÉRIAN, } Avocats au Conseil d'État et à la Cour de Cassation.
P. JOZON, }
Edmond ROUSSE, Avocat au Barreau de Paris, ancien Bâtonnier.
Eugène POUILLET, Avocat au Barreau de Paris.
Henri BARBOUX, Avocat au Barreau de Paris.
A. VAVASSEUR, Avocat au Barreau de Paris, ancien Maître des Requêtes au Conseil d'État.
Adrien HUARD, Avocat au Barreau de Paris.

PARIS
JOSEPH BAER ET Cie
ÉDITEURS
2, rue du Quatre-Septembre, 2.

1875

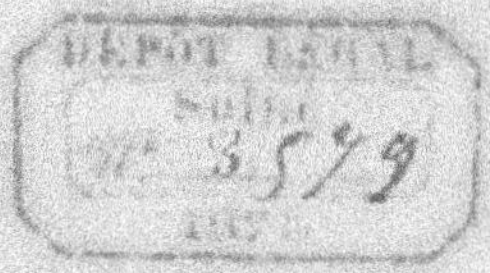

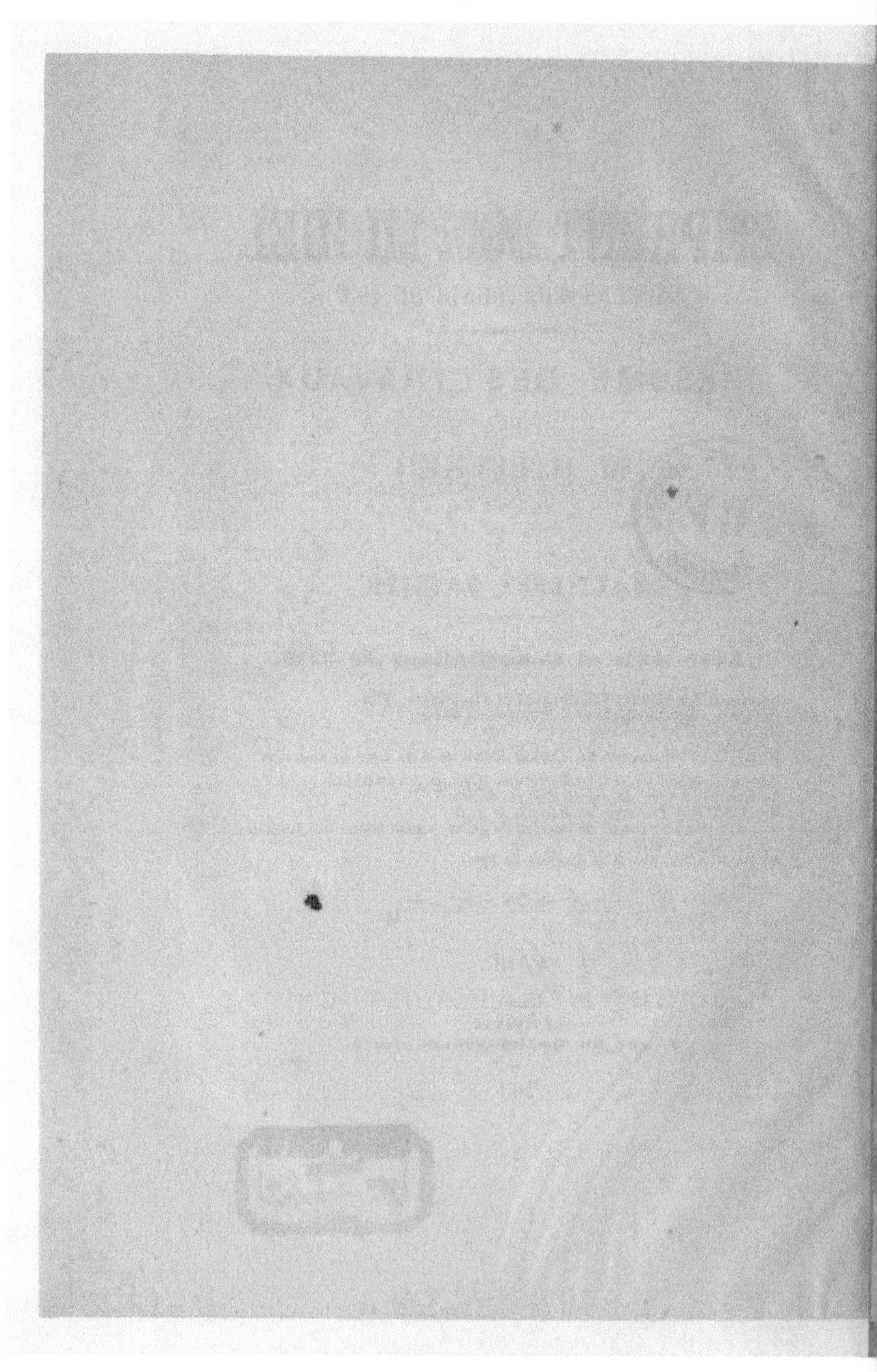

EMPRUNT DOM MIGUEL

(EMPRUNT PORTUGAIS DE 1832)

Nous avions demandé une consultation, sur l'Emprunt Portugais de 1832, à un avocat des plus distingués du barreau de Paris, M. H. Becker, qui, depuis de longues années, s'est livré à une étude toute spéciale du droit international.

L'honorable M. Becker nous a répondu beaucoup plus longuement que nous le désirions.

Le but que nous voulions atteindre est considérablement dépassé. Ce que nous demandions, c'était un travail bref, rapide, dégagé de tout accessoire étranger à l'objet que nous avions en vue ; car ce travail devait être essentiellement destiné aux hommes d'Etat du Portugal, à la probité, à l'équité à l'esprit de justice desquels nous voulons faire appel. Nous ne pouvions avoir dans l'esprit ces deux choses : exiger de lecteurs d'élite une étude plus longue que ne le comportait notre sujet et rappeler à ces mêmes lecteurs l'histoire de leur propre pays.

Le travail de M. H. Becker a été écrit pour des français. Toutefois, nous croyons que nos lecteurs portugais, qui pourront être appelés à traiter à leur tour la question de l'Emprunt dont nous revendiquons le payement, feront bien de le consulter.

Quoi qu'il en soit, nous jugeons qu'il nous est indispensable, dans une mesure que nous avons appréciée, de réduire cette question à sa plus simple expression. C'est ce que nous entreprenons de faire.

M. H. Becker s'est tout spécialement placé au point de vue des tribunaux compétents. Pour nous, tout d'abord du moins, nous invoquons la probité, l'équité, l'esprit de justice. Nous tentons une œuvre de conciliation et nous voulons croire que ce ne sera pas en vain.

La justice de notre cause ne fait nul doute pour nous. Elle ne fait également nul doute pour aucun des honorables jurisconsultes qui ont été consultés, quelle que soit la divergence de leurs opinions, par rapport à la compétence des tribunaux français dans la question.

Mais nous avons affaire à des hommes prévenus, qui s'indignent, avec trop juste raison, lorsqu'ils ont à reporter leurs pensées sur le si regrettable règne de Dom Miguel. Nous avons à les convaincre de ce que nos réclamations ont de bien fondé : c'est là le but de nos efforts.

Un jour, en 1873, nous entretenions l'honorable représentant du Portugal en France, de la tentative de conciliation qui eut lieu, il y a douze ou quinze ans, entre le gouvernement portugais, représenté par M. E. Blondel, du barreau de Paris, et un grand nombre de porteurs de titres de l'Emprunt Dom Miguel, représentés par M. Dechambre, avoué près le Tribunal de première instance de la Seine. Nous manifestions notre surprise et notre regret que les pourparlers en question eussent été abandonnés, même seulement en nous plaçant au simple point de vue de l'intérêt bien entendu des deux parties, c'est-à-dire du gouvernement portugais et des porteurs de titres de l'Emprunt de 1832.

« Notre situation était bien difficile, nous répondit, avec la grande franchise qui le caractérisait si bien, l'honorable et regretté M. de Seisal : L'Emprunt de 1832 est condamné par l'opinion publique (en Portugal) ! »

Nous redirons ici ce que nous dîmes alors au noble représentant du gouvernement portugais : il est des circonstances où il faut savoir réagir contre l'opinion publique, et cela, tout simplement en l'éclairant.

On ne sait que trop combien l'opinion publique est mobile et à quels entraînements elle se laisse parfois aller; mais, nous n'apprendrons, certes, rien aux hommes d'Etat du Portugal, lorsque nous leur dirons qu'un gouvernement doit toujours se mettre au-dessus des faiblesses d'une foule égarée par des apparences trompeuses.

Nous comprenons admirablement que l'opinion publique portugaise soit très-défavorable au souvenir de Dom Miguel. L'oncle de Dona Maria s'était emparé pour lui-même d'un pouvoir qu'il détenait comme tuteur et mandataire de sa nièce. La conscience publique, en Portugal, et cela lui fait grand honneur, se révolte au souvenir du règne de Dom Miguel et de la façon dont ce prince a usé du pouvoir souverain.

Il n'en est pas moins vrai que Dom Miguel a régné, qu'il a été aidé, dans son usurpation, par une très-notable partie de la nation portugaise; qu'il a été reconnu par plusieurs Cours de l'Europe.

Tout cela est incontestable.

Il est non moins incontestable, comme M. Becker a su le faire ressortir dans son travail, que l'oncle de Dona Maria a pu être considéré, même par des hommes éclairés et qui n'étaient pas sans impartialité, comme le Souverain légitime du Portugal. Cela s'explique parfaitement, si l'on se reporte à l'esprit qui, lors de son règne, dominait dans les Cours de l'Europe.

Conséquemment, le public a été de bonne foi, en France, lorsqu'il a souscrit à l'Emprunt de 1832, emprunt émis par un prince régnant, qui avait été porté au trône par des portugais eux-mêmes et qui avait été reconnu par plusieurs Cours européennes, ainsi que nous venons de le dire.

Mais, en admettant, ce que nous ne craignons pas de contester formellement, que l'Emprunt en question fût illégalement contracté, il avait au moins tous les caractères de la légalité. Le renier n'est donc pas possible, à quelque point de vue qu'on se place, sans commettre un déni de justice.

Voilà ce qu'il faut que l'opinion publique, en Portugal, sache bien, et nous ajouterons que c'est aux représentants de la nation eux-mêmes, à qui nous nous adressons ici, à le proclamer bien haut.

Jusqu'à ce jour, l'esprit public, en Portugal, a obéi à des préjugés, à d'injustes préventions. Il reviendra certainement à des appréciations différentes, et, certes, ce sera un grand honneur pour la nation portugaise.

Qu'il nous soit permis d'invoquer l'exemple de la France. N'avons-nous pas eu nos gouvernements usurpateurs, en faveur desquels n'a jamais existé nulle circonstance atténuante : nous en avons eu plus d'un et il est inutile d'en nommer aucun.

Chacun de ces gouvernements nous a plus ou moins endettés, plus ou moins démembrés ; nous n'avons point pour cela renié un seul de leurs engagements, par cela seul que nous nous étions laissé gouverner par eux.

Nous espérons que le Portugal finira par agir comme nous avons agi en toute circonstance. Au reste, il nous semble impossible que nous ne soyions point écoutés d'un peuple qui, au douzième siècle, fut arraché de la domination arabe par un Français, par le vaillant Henri de Bourgogne, et, certes, nous ne pouvons mieux placer notre revendication que sous l'autorité du grand souvenir de ce héros.

Mais, toutefois, nous demandons simplement que bonne justice nous soit rendue. Les hommes d'État portugais comprendront que si le règne de Dom Miguel exclut toute circonstance atténuante, il en est tout autrement des créanciers du gouvernement de ce prince. Ces créanciers ont pu croire, en toute sincérité, que Dom Miguel était le roi légitime du Portugal, et nous n'avons pas à rappeler combien, à cette époque, avait d'influence ce seul mot de « légitimité, » sur un grand nombre d'esprits.

L'illustre père de la reine dona Maria, Dom Pedro, dont on ne saurait à bon droit contester la compétence, même sous prétexte d'inconstitutionalité, a voulu que les créanciers profitassent au moins des valeurs laissées dans le trésor public par le gouvernement de Dom Miguel, lorsque ce dernier fut vaincu; lesdites valeurs provenant de l'emprunt que nous revendiquons et qui, par la capitalisation des intérêts depuis 1834, représentent aujourd'hui une somme supérieure à *quinze millions* de francs (1).

A-t-on, en effet, le droit de taxer d'inconstitutionnel le décret d'un souverain auquel le Portugal devait sa constitution, aussi bien que sa délivrance de la royauté de Dom Miguel? Non, cela ne se peut pas. Cela n'a pu être, autrefois, qu'un détestable prétexte qui, certainement, ne sera pas invoqué de nos jours.

Sur ce dernier point, tous nos jurisconsultes sont unanimes; tous sont également unanimes à se prononcer pour la validité du montant total de l'emprunt contracté en 1832 par Dom Miguel; parmi eux, nous sommes particulièrement heureux de rencontrer M. Charles Vergé, dont la haute autorité juridique est si respectée dans l'Europe entière. En 1857 ou 1858, l'honorable M. Cazal de Ribeiro, alors ministre des finances, faisait entendre lui-même les arguments les plus sérieux, en faveur de la justice des réclamations qui étaient adressées au gouvernement portugais par les porteurs d'obligations de l'emprunt Dom Miguel. Se trouvera-t-il, de nos jours, en Portugal, des hommes qui récuseront de telles autorités? Nous ne saurions le croire.

Un dernier mot et nous en avons fini avec notre introduction :

---

(1) En invoquant l'inconstitutionalité, on risque de faire planer un très-grave soupçon de mauvaise foi sur la mémoire du chevaleresque Dom Pedro, en faisait supposer qu'il préparait le terrain à une *fin de non-recevoir* derrière laquelle on tenterait un jour de se retrancher.

Nous avons la certitude que notre cour de Cassation réformera sa jurisprudence de 1849 ; c'est-à-dire qu'elle admettra, dès que la question lui sera posée de nouveau, la compétence des tribunaux français, en matière de revendication contre des gouvernements étrangers, et cela en conformité de l'art. 14 de notre Code civil.

C'est cependant au Parlement portugais que nous voulons nous adresser.

Nous avons sans doute raison ; car si, lorsque M. Cazal de Ribeiro prenait la juste défense des porteurs d'obligations de l'emprunt Dom Miguel, les finances portugaises n'eussent laissé rien à désirer, nous n'en serions plus à faire nos réclamations ; il y aurait été fait droit immédiatement. Aujourd'hui, la situation financière du Portugal est parfaite, grâce à la très-grande sagesse de son gouvernement. Notre requête ne peut donc manquer d'être accueillie par le Parlement portugais, aussi la lui adressons-nous en toute confiance. La justice qui nous sera rendue, bien que tardive, n'en aura pas moins de prix à nos yeux ; la nation portugaise, de son côté, se sera délivrée d'un fardeau moral qui, si elle ne s'en débarrassait, serait pour elle une source perpétuelle d'ennuis.

De la sorte, tout sera pour le mieux.

Arrivons maintenant à résumer le travail de M. Becker, en rappelant à nouveau qu'il est beaucoup plus étendu que nous ne le désirions d'abord ; mais que, pourtant, nous engageons ceux qui nous liront à le consulter. Ajoutons, pour compléter ce que nous avons dit ici, que le travail en question a été écrit, en plusieurs endroits, avec une acrimonie qui n'a jamais été dans notre pensée et dont, par conséquent, nous laissons toute la responsabilité morale à l'honorable M. Becker.

Le délégué du Comité des obligataires,

Etienne Vattier.

Paris, 10 avril 1875.

I

L'honorable M. Becker débute ainsi qu'il suit, dans son exposé de la question :

« Parmi les questions que soulève, en Droit international, la responsabilité des actes que commet ou laisse commettre une Nation à l'extérieur, il en est peu d'aussi intéressantes aujourd'hui que celles qui touchent au crédit. Les nations sont comme les particuliers ; il y a certains moments où elles ont besoin d'emprunter pour accomplir un acte, réaliser un projet ou achever une entreprise commencée. Ne pouvant trouver en elles-mêmes les ressources qui leur font défaut justement à l'heure où est née la nécessité, elles contractent des emprunts sur des marchés étrangers.

« Quels sont les principes de Droit international qui règlent les emprunts émis à l'extérieur d'un pays ? C'est ce que nous nous proposons de rechercher dans cette étude, en constatant que ce point de vue ne nous paraît pas avoir été suffisamment développé dans les auteurs qui ont écrit sur le Droit international, surtout à une époque où les Emprunts d'Etats étrangers deviennent de plus en plus fréquents sur notre marché. »

Passant à l'emprunt émis par Dom Miguel, en 1832, M. Becker, avant de se prononcer sur les principes du Droit international, fait un long historique de la question. Nous en donnerons quelques-uns des principaux traits, au point de vue où nous jugeons devoir nous placer.

« En 1832 et 1833, alors que la lutte entre les deux frères Dom Pedro et Dom Miguel arrivait à son plus haut degré d'intensité, après avoir, depuis 1832, présenté successivement des alternatives de succès et de revers pour l'un ou l'autre des partis, le public ne retenait de l'affaire que ceci : c'est que Dom Miguel était fils et héritier du roi précédent Jean VI, et qu'il avait été consacré, en 1828, par une Assemblée des Etats, comme roi de Portugal, sous le nom de Dom Miguel Ier. Quant à Dom Pedro, on ne s'expliquait guère comment ce dernier, pourvu, du vivant de son père, d'un immense empire comme le Brésil, devenu Etat séparé et indépendant du Portugal, alors qu'il en avait été une des colonies quelques années auparavant, pouvait avoir à intervenir en Portugal dans le règlement de la succession au trône de ce pays. »

. . . .

« Il est vrai que Dom Miguel Ier n'a pas joui paisiblement de cette royauté (qui,)... mal défendue par ses propres défenseurs, et abandonnée de la fortune qui avait semblé la favoriser à son début, a fini par tomber. Mais sa chute ne saurait mettre en doute le fait de son existence. Dom Miguel Ier a possédé de fait, et avec toutes les apparences de la légalité et de la légitimité, le pouvoir souverain. »

. . . .

« Quoi qu'il en soit, héritier du roi Jean VI, son père, il a régné sur le Portugal ; il a eu à sa disposition le trésor public ; il a eu également une assemblée à l'intérieur et une représentation à l'extérieur. Les rois, ses frères, l'ont reconnu officiellement pour les uns, tacitement pour les autres. De plus, il a commandé aux armées et aux flottes du Portugal. Et cette royauté a duré ainsi près de six années, de 1828 à 1834. Toutes les protestations qu'a pu lancer Dom Pedro, agissant pour le compte de sa fille Dona Maria qu'il prétendait établir reine du Portugal, au lieu et place de Dom Miguel, protestations qui n'avaient d'autre valeur que d'avoir été signées par l'Empereur du Brésil, ne peuvent rien changer aux faits. »

. . . .

« Telle est la situation vraie, et, ce qui le confirme, c'est Dom Pedro lui-même, qui, lors de la chute de son frère, comprit l'énorme injustice qu'il y aurait à ne pas reconnaître certains faits accomplis pendant le règne de Dom Miguel. A la date du 31 juillet 1833, il rendait, comme régent du royaume, au décret nommant une commission de finances pour recueillir les épaves de cet Emprunt de 1832, dont l'importance s'élevait à cette époque à près de deux millions et demi, et qui s'étaient trouvés en espèces et en traites sur Londres, dans le Trésor public, à Lisbonne. »

. . . .

« Et Dom Pedro nommait cette commission pour *rendre*, disait-il, « *en temps convenable* » aux ayants droit, ce dépôt qu'il reconnaissait ne pas lui appartenir. Pourquoi cette restitution n'a-t-elle pas encore eu lieu? Il semble même que ce dépôt, en y joignant les intérêts accumulés depuis 1833, c'est-à-dire pendant plus de quarante ans, formerait maintenant une somme pouvant devenir la base d'arrangements amiables avec les porteurs de l'Emprunt. De nombreuses sollicitations ont été bien souvent adressées en ce sens au gouvernement Portugais, mais on a toujours répondu par des fins de non recevoir ; on s'est retranché derrière des impossibilités, des raisons d'inconstitutionalité ou des motifs d'inopportunité. »

« Mais, ce point de vue n'est que secondaire dans la question qui nous occupe. Il est subordonné à la loyauté du gouvernement Portugais qui se trouve engagé par la promesse de son chef. Il ne nous appartient donc pas de chercher à le décider dans ce sens, parce qu'il ne nous a pas demandé notre avis, et, s'il nous faisait l'honneur de le demander, nous n'hésiterions pas à lui dire, qu'en ces sortes d'affaires où il s'agit de la restitution d'un dépôt, le mieux est de s'exécuter le plus vite possible ; car le dépositaire qui se dérobe sous des raisons, quelque bonnes qu'elles soient, se donne toujours le tort de se rendre suspect aux yeux des intéressés, et de vouloir abuser de la situation. »

. . . .

« Veut-on un exemple de l'utilité et du profit que trouvent les gouvernements à respecter les contrats *faits par ceux* qui les ont précédés? A-t-on jamais eu sérieusement l'idée, en France, de répudier les dettes de la première République et de l'Empire, de quereller le fameux milliard des émigrés, les nombreux *Emprunts* du second Empire, et de renier l'*Emprunt Morgan* décrété et réalisé en 1870 par un gouvernement de fait, pendant la période la plus critique de notre histoire? Eh bien, c'est ce sentiment-là qui a sauvé et qui sauvera toujours le crédit en France, parce qu'après tout, un pays est toujours responsable des faits qu'il a laissé commettre. »

. . . .

« Revenons à notre sujet. La royauté de Dom Miguel Ier est-elle le produit d'une émeute, d'une insurrection passagère? Evidemment non. Elle est l'évolution politique d'un parti puissant, qui, effrayé des tendances libérales que manifestait très-hautement le Portugal, voulut enrayer le mouvement constitutionnel qui emportait les royautés absolues et rétablir les monarchies de l'ancien régime, où le roi était tout, la nation rien. Sous cette rivalité, cette guerre entre deux frères ennemis, il faut voir deux partis en lutte : l'un, celui de Dom Pedro, prince clairvoyant et ami du progrès, donnant au Portugal une constitution et la liberté; l'autre, celui de Dom Miguel, prince ignorant, vicieux et dévoré d'ambition, reprenant le pouvoir pour gouverner seul, suivant son bon plaisir, en choisissant ses conseillers parmi un clergé complaisant, jaloux de ses anciennes prérogatives, et avec l'aide d'une noblesse ne voulant rien concéder aux idées de liberté. (*Moniteur*, 28 août 1834.) »

« C'est pourtant à ce prince que les puissances de la Sainte-Alliance et les diplomates les plus célèbres du temps prêtaient leur appui et leurs conseils pour rétablir le pouvoir absolu en Portugal. Dom Miguel fut, en 1828, l'homme providentiel de l'absolutisme en Portugal, comme l'avait été, en 1823, Ferdinand VII, rétabli roi absolu en Espagne avec le concours d'une armée française, et Ferdinand Ier, en 1821, rétabli roi absolu à Naples avec l'intervention des troupes autrichiennes.

. . . .

M. Becker s'exprime ainsi qu'il suit sur la prise de possession du pouvoir par Dom Miguel, d'après le *Moniteur officiel* français :

« La Chambre municipale de Lisbonne se soumit la première. Le drapeau aux armes de la ville fut agité à une des fenêtres de l'Hôtel de Ville, et la populace, à ce signe convenu, proclama roi D. Miguel ; on ouvrit des registres publics pour recevoir la signature de ceux qui adhéraient à l'acclamation. Chaque passant était contraint d'y apposer son nom. Des bandes armées parcouraient les rues, recrutant des signataires ; marchands, grands seigneurs, domestiques, des femmes, tout convenait, pourvu que les registres fussent couverts ; plusieurs écrivirent à la fois deux ou trois noms supposés ; quant aux femmes, quelle que fût leur position sociale, elles étaient invitées par les gardiens des listes à faire précéder leurs noms du titre de Dona, auquel bien peu avaient droit. La peur fit signer bon nombre d'employés qui n'avaient d'autre ressource que leur place.

« Le vœu du Sénat, de la Chambre, sous le titre de *représentation de la ville de Lisbonne*, fut porté dans la nuit, au Régent, qui accepta aussitôt la couronne, et laissa toutes les personnes présentes lui baiser la main en qualité de roi. Une partie de la noblesse se réunit chez le duc de Lafoëns, et y formula son adhésion. Par les mêmes moyens, surtout par l'in-l'influence du clergé, on obtint dans les provinces, des *représentations semblables*.

« La nation sous le coup de cette terreur, se taisait. Une partie de la noblesse et du clergé soutenaient la cause de D. Miguel par intérêt, si ce n'est par conviction. Le peuple des campagnes, ignorant et trompé par les moines, les imitait par fanatisme, croyant que la religion serait compromise sous un régime constitutionnel.— Discours d'ouverture des Cortès, 15 août 1834. (*Moniteur*, 28 août 1834.) »

. . . .

Si nous rappelons ces faits, c'est seulement dans le but d'apporter une preuve nouvelle en faveur de la bonne foi des souscripteurs de l'emprunt de 1832. Ils ont été trompés ; soit ;

mais par qui ? Par des Portugais. — C'est donc, *en toute justice*, à ceux qui les ont trompés, et à ceux qui les ont laissé tromper, à les rembourser : c'est-à-dire au Portugal tout entier, de même qu'il est de toute justice, comme de droit commun, que tous les habitants d'une ville insurgée, quelle que soit l'attitude des uns et des autres, soient collectivement responsables de tous dommages résultant de l'insurrection.

Du reste, la reconnaissance de Dom Miguel, par diverses puissances, était également de nature à entretenir la tromperie dont nous venons de parler. A ce sujet, nous trouvons ce qui suit dans l'ouvrage de M. Becker.

« Pendant que Dom Miguel Ier, proclamé roi de Portugal, trônait à Lisbonne, maître de tout le pays, il parvenait également à se faire reconnaître par différents Etats de l'Europe.

« L'influence de D. Carlotta, mère de D. Miguel et fille de Charles IV hâta la reconnaissance de l'Espagne. Le Nonce du Pape, non-seulement reconnut Dom Miguel au nom de Sa Sainteté, mais encore exécuta la mission qu'il en avait reçue de féliciter le nouveau roi de son heureux avènement. (Octobre 1829.) (*Moniteur*, 1829.)

« Le Maroc continua ses relations avec le gouvernement de D. Miguel. Les Etats-Unis d'Amérique reconnurent également la royauté de D. Miguel Ier. Le chargé d'affaires de D. Miguel fut reçu en cette qualité par le président des Etats-Unis. (octobre 1829). Les journaux de l'opposition de ce pays critiquèrent, il est vrai, cette réception, mais les journaux ministériels soutinrent que D. Miguel était roi, d'abord de fait, *ensuite par les Cortès*, c'est-à-dire par le fait de la souveraineté du peuple. Il est possible que les Etats-Unis aient eu en vue, par cette reconnaissance, d'obtenir des avantages commerciaux du Portugal, mais l'acte n'en subsiste pas moins.

« Quant à la France et à l'Angleterre, les gouvernements de ces deux États étaient dans l'intention de faire cette reconnaissance, et n'attendaient que l'occasion de la réaliser. Le chef du cabinet anglais, lord Wellington, était favorable à D. Miguel ; M. de Polignac était d'accord avec le ministre anglais. La condition que l'on aurait mise à cet acte, c'était l'amnistie générale accordée aux libéraux Portugais et l'introduction d'un gouvernement modéré et légal. C'est dans les discours d'ouverture des parlements d'Angleterre et de France, en 1829, que l'on peut constater les dispositions favorables de ces deux gouvernements à l'égard de Dom Miguel. »

. . . .

« Si la France et l'Angleterre ne reconnurent pas Dom Miguel il faut surtout l'attribuer aux événements politiques qui, en venant surprendre les gouvernements des deux pays, empêchèrent la réalisation de leurs projets. La révolution de juillet 1830, en renversant la monarchie de Charles X, entraîna la chute du cabinet Wellington. (*Moniteur*, 10 septembre 1831, et 14-15 février 1832). »

II

Il est impossible de méconnaître, après avoir lu ce qui précède, que si Dom Miguel a été un usurpateur, point sur lequel nous ne nous prononcerons pas ici, du moins, aux yeux du public français, la royauté de ce prince a eu tous les caractères de la légitimité.

Passons aux faits principaux, relativement au sujet qui nous occupe, à ce qui eut lieu lorsque Dom Miguel fut vaincu :

« Dom Pedro, pour épargner le sang et faisant taire ses propres ressentiments, consentit à signer l'acte qui porte le nom de Convention d'Evora, du 26 mai 1834. Dom Pedro pardonna à son frère, et une amnistie fut accordée à tous ceux qui avaient servi sa cause. Les officiers militaires amnistiés conservèrent leurs postes, et les employés ecclésiastiques et civils eurent droit au même avantage. Dom Miguel, auquel Dom Pedro accorda une pension annuelle de soixante contos de reis (360 ou 375,000 fr.) et la libre disposition de ses propriétés particulières et personnelles, dut s'engager à s'embarquer à Sines et alla débarquer à Gênes, après avoir pris l'engagement de ne plus retourner dans la Péninsule (1). »

« En juillet 1833, don Pedro, devenu maître de Lisbonne, avait présidé lui-même à la réorganisation du gouvernement. En prenant possession du Trésor public, le nouveau gouvernement trouva, parmi les valeurs de caisse, des traites importantes émanées de la maison Outrequin et Jauge, et de divers banquiers de Paris et Londres, qui avaient été remises au gouvernement de Dom Miguel, en payement de l'emprunt de 1832. Ces traites, payables à Londres, à l'ordre du trésorier général du Trésor royal du Portugal de Dom Miguel, étaient causées valeur en compte des négociations de l'emprunt royal de Portugal. Les fonctions de trésorier général étaient alors remplies par M. Conto. Le 31 juillet 1833, Dom Pedro rendit un décret par lequel il destituait tous les employés du gouvernement déchu, en faisant une exception **unique** pour le trésorier général, M. Conto, dont la **signature était indispensable** pour le recouvrement de ces traites. Ce dernier, conservé *provisoirement* dans son emploi, endossa les traites tirées de Paris à l'ordre de M. Soares, qui fut chargé d'en faire le recouvrement à Londres. Cet endos eut lieu le 7 août 1833, et, le 9 août 1833, **M. Conto cessait d'occuper ses fonctions.** »

. . . .

« A l'échéance des traites, M. Soares les fit présenter à Londres aux maisons de banque qui les avaient acceptées; les unes payèrent, mais d'autres en refusèrent le payement, par le motif que le nouveau gouvernement n'avait pas droit à ces traites.

« L'agent financier du gouvernement de Dona Maria, établie reine de Portugal, ne se borna pas à actionner les accepteurs de ces traites à Londres; mais il fit poursuivre, en

(1) Comment! on n'a jamais invoqué l'inconstitutionalité par rapport aux faits que nous venons d'énoncer! On ne le pouvait pas davantage en ce qui concerne les restitutions ordonnées par dom Pedro. C'est élémentaire.

outre, les tireurs de ces traites devant le Tribunal de commerce de Paris.

« Le recouvrement de ces traites a donné lieu à un procès fort long à Londres, dans lequel toutes les juridictions ont été épuisées. Il a fini, dit-on, par une transaction. L'examen de cette volumineuse procédure a fourni des renseignements curieux que nous devons relater dans notre travail.

. . . .

« M. Soares, interrogé, devant une commission d'enquête, sur la question de savoir comment, au nom du gouvernement de Dona Maria, il peut exiger le payement d'engagements contractés avec le gouvernement de D. Miguel, s'exprime ainsi, après avoir prêté serment :

« Il pense qu'il est dans les intentions de la reine et du gou« vernement actuel de Portugal de mettre de côté les fonds « qui proviendront du payement de ces lettres de change, et, « autant que la totalité en sera réalisée et reçue par le gou« vernement, d'en distribuer le montant entre les ayants droit ; « il dit qu'il croit que c'est pour cet emploi équitable qu'il a « reçu du ministre même de ce gouvernement l'ordre de faire « en sorte qu'il réalise le produit de ces lettres de change « et d'en remettre le montant aux commissaires du Trésor « public à Lisbonne, où ces fonds seront tenus à part de tous « autres fonds et revenus dudit royaume pour la destination « susdite, parce que, il est à sa connaissance, et c'est sa « pensée, que, en vertu du décret de D. Pedro du 31 juillet « 1833, rendu au nom et dans l'intérêt de Dona Maria, les « fonds à provenir de ces lettres de change étant des fonds « ayant pour origine un emprunt contracté par le gouverne« ment usurpateur, ils doivent être mis à part pour être « répartis en temps voulu à tous ceux à qui ils peuvent appar« tenir de droit. »

« Le décret du 31 juillet 1833, dont parle la déposition de M. Soares, est en effet conçu comme suit :

« Je nomme président de ladite Commission, le ministre « secrétaire d'Etat au département des Finances, et comme

« membres Florido Rodrigues Pierrara Terray, Jean Ferreira « de Costa, Sampayo Joseph, Joachim Gomey de Castro et « Gommalve Joseph de Sousa Lobo, que je charge de prendre « le compte le plus exact de tout ce qui sera trouvé dans le « Trésor comme appartenant aux finances, en ayant soin de « ne pas confondre ce qui est la propriété du Trésor avec ce « qui est *la propriété et les obligations* qui ont leur origine « dans les *emprunts que le gouvernement de l'usurpateur peut « avoir contractés.*

« Et, à l'égard de ces deux derniers, la Commission est « autorisée uniquement à en opérer le recouvrement et à en « mettre le produit en sûreté, par cette raison qu'un contrat « pareil n'étant pas obligatoire pour le Trésor du Portugal, il « *répugne à ma générosité* de mettre le moindre empêchement « à la remise des fonds qui proviennent de ces emprunts « *entre les mains de ceux auxquels ils peuvent appartenir de « droit en temps convenable.* »

« Nous devons rechercher maintenant quelle était l'importance de la somme recouvrée sur l'emprunt D. Miguel.

« Les 60,000 liv. st. trouvées dans le Trésor public, lors de la prise de Lisbonne, provenaient de l'emprunt miguéliste, et avaient été reçues peu de jours auparavant.

« Dans un rapport fait aux Cortès portugaises, sur le budget 1834-1835, il est dit : (page 13) par M. J. Silva Carvalho, alors ministre des finances du Portugal, qui avait fait partie de la Commission de finances, instituée par le décret du 31 juillet 1833 :

« Je crois devoir déclarer ici que ce qui existait dans le « trésor et appartenant à un Emprunt que l'on disait fait à « une maison de Paris, ayant nom Outrequin et Jauge, quoi- « qu'il n'y eût au trésor aucun document sur cet objet, était « une somme de 322 contos 002,415 reis dont 25 contos 065,960 « reis en espèces sonnantes, et le reste en lettres de change « sur Lisbonne et Londres. Ajoutant à cette quantité, celle de « 22 contos 494,544 reis, reçue d'un négociant génois, Fran- « cisco Ferrari, et deduisant celle de 88 contos 851,417 reis

« qui n'a pas encore été recouvrée (1), des lettres de change « remises pour Londres à la consignation du commandeur « Manoel Joaquin Soares, en raison des obstacles qui se sont « opposés à leur recouvrement, tant sur cette place que sur « celle de Paris, il résulte que l'argent reçu par la Commission « du Tribunal du trésor et appartenant à cette transaction « est de 255 contos 914,442 reis. »

« Ce chiffre de 344 contos 496,959 reis, qui aurait formé en espèces et en valeurs l'épave de l'emprunt D. Miguel, recueillie au moment où D. Pedro s'emparait de Lisbonne, se trouve en outre confirmé dans une pièce intitulée « recettes extraordinaires » page 4 du même budget. On y voit l'emprunt Outrequin et Jauge figurer au Crédit de ces recettes extraordinaires pour 344 contos 496,959 reis.

« En estimant le conto à 6,250 francs (le conto valant un million de reis, et les 100 reis valant 0 fr. 62 c.), ce serait environ 2,150,000 francs, en nombres ronds que les agents du gouvernement de D. Maria auraient recueillis de l'emprunt de D. Miguel. Les intérêts de cette somme de 2,150,000 francs *calculés* à 5 0/0, taux fort modeste eu égard aux emprunts postérieurement contractés par le même gouvernement à des taux bien plus onéreux, tels que 7 1/2 0/0, plus de 25 0/0 de prime de remboursement, ont produit depuis le 1er septembre 1833 jusqu'au premier septembre 1860 un chiffre de (y compris les interêts des intérêts) 5,895,522 fr. 95

« En y ajoutant le capital recueilli de.	2,150,000 »
« On trouve un total de	8,045,522 fr. »

« Aujourd'hui, en 1874, ces deux sommes représentent en

(1) Cette dernière somme a été recouvrée depuis, car, lors des pourparlers qui eurent lieu, il y a quelques années, entre M. Blondel, du barreau de Paris, représentant le gouvernement portugais, et M. D[illegible], avoué de première instance aux tribunaux de la Seine, représentant les porteurs de titres, il fut reconnu, par l'un et l'autre parti que les sommes encaissées par le gouvernement de la reine dona Maria, formaient un total de 2,600,000 francs environ.

capital et intérêts accumulés près de 15 millions en chiffres ronds sans que la prescription soit opposable.

« Et ce chiffre grossira aussi longtemps que les gouvernements qui se succèdent en Portugal, ne voudront pas dégager la parole royale donnée par D. Pedro, le signataire de ce décret et l'auteur de la dynastie qui règne depuis 1833 sur le pays. Ajourner ce remboursement, c'est en rendre la charge de jour en jour plus onéreuse. Et cependant l'on a jusqu'ici toujours résisté aux pétitions des intéressés, et même aux sollicitations diplomatiques appuyées par le gouvernement français. L'histoire de ces pétitionnements ne fait que trop démontrer la déplorable voie dans laquelle sont entrés les gouvernements du Portugal.

« En 1842 et 1845 une pétition avait été remise au ministre des affaires étrangères de France par les délégués d'une réunion de porteurs de titres de l'Emprunt D. Miguel. Il n'en fut tenu aucun compte par le gouvernement de Louis-Philippe qui, par des raisons politiques, trouva bon de sacrifier les intérêts des porteurs français en ne daignant pas même s'en occuper. On se souvint trop de ce fameux traité de la quadruple Alliance du 22 avril 1834, par lequel D. Miguel et D. Carlos étaient déclarés *ennemis* de la France, de l'Espagne, du Portugal et de l'Angleterre. Voilà pourquoi la créance des porteurs de l'Emprunt fut trouvée *mauvaise* aux yeux des gouvernants de la dynastie de juillet 1830, c'est-à-dire indigne d'être appuyée auprès du gouvernement portugais.

« Sous la République de 1848, une nouvelle pétition fut présentée à l'Assemblée législative par les intéressés, qui demandaient que leurs droits fussent au moins examinés et discutés.

« On lit dans le *Moniteur* du 15 mars 1851, que M. de Dampierre, rapporteur de cette pétition, a déclaré que le Ministre des affaires étrangères n'a pu donner aucune explication à la Commission, vraisemblablement parce que le gouvernement déchu avait mis la pétition précédente au panier (1); le rapporteur concluait au renvoi de cette pétition au ministre, et ce renvoi était ordonné par l'Assemblée, malgré la demande de l'ordre du jour. L'affaire toutefois n'eut aucune suite à cause des changements politiques qui transformèrent la République en Empire français.

« La pétition dut être alors portée devant le Sénat qui avait dans ses attributions le service des pétitions, et dans la séance du 29 avril 1853, elle donna lieu à un rapport très-favorable de la Commission du Sénat. (Voir la collection des procès-verbaux du Sénat, 1er volume de 1853, p. 495.) Voici les passages les plus saillants du rapport présenté par le sénateur rapporteur, M. Louis Lebœuf.

« Le décret du 31 juillet 1833, rendu par D. Pedro *dans la « plénitude de son droit*, ne faisait que se conformer à la jus- « tice la plus ordinaire, car il était impossible de s'approprier « la partie encore disponible du produit d'un emprunt qu'il « avait déclaré ne pas vouloir reconnaître. »

« Le rapporteur après avoir rappelé le peu de succès de plu- « sieurs pétitions adressées au gouvernement de Juillet, dit « que les porteurs de l'Emprunt ont un droit certain, incon- « testable, et accompagnent leur pétition de consultations « rédigées en faveur de leur cause par des jurisconsultes des « plus éminents, MM. Berryer, Dufaure, Odilon Barrot et de « Vatimesnil. »

« Ils réclament, continue le rapporteur, d'abord la recon- « naissance de l'emprunt, en invoquant leur bonne foi et en fai- « sant remarquer que D. Miguel était alors, de fait, le chef du « gouvernement portugais; ils s'appuyent également sur le « principe que les gouvernements qui se succèdent sont, « malgré leur origine différente, solidaires de leurs devan- « ciers. »

---

(1) C'était tout à fait conforme aux procédés du Gouvernement de Juillet, alors surtout que, comme en 1834, M. Guizot avait une influence considérable sur l'esprit du roi Louis-Philippe.

« Ils prétendent subsidiairement, si l'Emprunt n'est pas « reconnu emprunt de l'Etat, pouvoir exercer une revendica- « tion sur les biens personnels de D. Miguel qui ont été réunis « au domaine de l'Etat. »

« Enfin, et c'est là surtout le point qui a paru mériter l'in- « tervention du Sénat, ils demandent l'exécution loyale et « complète du décret de D. Pedro du 31 Juillet 1833, portant « que les valeurs provenant de cet emprunt, et trouvées dans « les caisses du Trésor à Lisbonne, seraient mises en sûreté « pour être restituées en temps convenable aux ayants « droit. »

« L'expérience des cinquante dernières années a suffisam- « ment démontré qu'il n'y avait pas seulement justice, mais « encore profit pour les nations à tenir leurs engagements. « Les Etats les plus obérés sont précisément ceux qui ont le « plus d'intérêt à asseoir leur crédit. »

« Nous croyons donc, ajoute en concluant le sénateur Louis « Lebœuf, que notre Gouvernement pourrait s'appuyer de « ces principes et des exemples donnés par d'autres nations « obérées, et faire quelque chose en faveur de nos nationaux, « qui ont pris part à l'Emprunt contracté par D. Miguel, alors « qu'il était maître du royaume. »

« La partie de la pétition qui concerne la répartition des « valeurs provenant de l'Emprunt et trouvées par D. Pedro « dans les caisses et portefeuilles de l'Etat, nous paraît sur- « tout mériter l'attention la plus sérieuse. La légitimité de « cette créance a été reconnue par D. Pedro lui-même, et le « *temps convenable* auquel le décret du 31 juillet 1833 en ren- « voyait le remboursement, devrait être arrivé depuis long- « temps. »

« En résumé, si le Portugal ne peut pas, dans l'état actuel « de ses finances, accepter toutes les charges de l'Emprunt mi- « guéliste, il y a dans les réclamations présentées par les « pétitionnaires, matière à une transaction qui pourrait satis- « faire les porteurs de titres, et qui aurait pour le Gouverne- « ment de Lisbonne l'avantage de raffermir son crédit, en

« lui rouvrant les Bourses des principales places de l'Eu-
« rope. »

« Le Sénat pensera sans doute, avec sa Commission, que la « diplomatie française doit chercher à amener cette transac- « tion et nous lui proposons, en conséquence, de renvoyer la « pétition à M. le Ministre des Affaires étrangères. »

« Le Sénat dans la même séance prononça le renvoi de la pétition au Ministre.

« Voici maintenant la réponse du Ministre des Affaires étrangères, telle que nous la trouvons dans le Répertoire des Pétitions adressées au Sénat : (1852 à 1861, p. 69. V° *Emprunts.*)

« Une négociation a été entamée à ce sujet par le Ministre « de l'Empereur à Lisbonne. Le gouvernement de D. Pedro « n'a jamais voulu consentir, dès l'origine, à reconnaître « l'Emprunt de D. Miguel ; il avait fait, à cet égard, des « réserves expresses. Quant aux valeurs trouvées dans les « caisses de l'Etat, lors de l'entrée de D. Pedro à Lisbonne, « et dont ce prince avait ordonné, par un décret, la restitu- « tion aux ayants droit, le Gouvernement actuel se retranche « derrière l'*inconstitutionalité* de cette mesure, qui ne pou- « vait être prise, suivant lui, sans l'autorisation des chambres. « Ce *décret étant nul*, il s'ensuit naturellement que les exis- « tences du trésor de D. Miguel appartenaient au parti « vainqueur (1). La négociation n'a point encore amené de « résultat. »

. . . .

Le gouvernement de Napoléon III, qui avait ses moments de faiblesse, comme celui de Louis-Philippe, se contenta de la réponse qu'on vient de lire. Son représentant à Lisbonne, pour s'épargner l'ennui d'adresser de nouvelles réclamations au gouvernement portugais, enterra le dossier des réclamations dans ses archives et tout fut dit.

---

(1) Une telle assertion est absolument sans valeur, en présence des motifs allégués pour arriver au recouvrement des traites trouvées dans le Trésor de D. Miguel.

. . . .

« Nous venons de voir, reprend M. Becker, de quels prétextes on s'est couvert jusqu'ici, en Portugal, pour ne pas restituer aux porteurs de l'Emprunt Dom Miguel les sommes recouvrées depuis 1833 par les agents du gouvernement de Dona Maria. Les qualifications d'usurpateur, de révolutionnaire, de parjure, prodiguées à Dom Miguel, ne sauraient donner le change et rendre difficile une question qui est pourtant bien simple.

L'inconstitutionalité du décret du 31 juillet 1833 est, en outre, une mauvaise raison.

En effet, de quoi s'agit-il?

De la restitution, entre les mains des intéressés, porteurs des titres de l'Emprunt Dom Miguel, d'une somme qui était leur propriété, et qui n'a passé entre les mains des agents du gouvernement portugais que sous la condition qu'elle leur serait remboursée *en temps convenable*.

Si cet encaissement, poursuivi même par les voies judiciaires en Angleterre et en France, et obtenu en partie par des transactions au moyen de certaines promesses, n'implique pas la reconnaissance de l'Emprunt lui-même, il crée évidemment le droit pour les intéressés de demander au gouvernement portugais compte de la somme qu'il a recueillie pour eux.

Juridiquement parlant, ce gouvernement ne saurait échapper à cette double conséquence d'être débiteur pur et simple ou mandataire responsable. Dans les deux cas, il doit rendre.

Agir autrement, serait commettre une de ces énormités à la fois contre le bon sens et la justice comme on en voit rarement.

Ces sortes d'infractions à la loi morale, outre qu'elles compromettent inutilement l'honneur d'un pays, ont souvent le malheur de tuer son crédit.

Nous pensons, d'ailleurs, que le sentiment de l'honneur est trop élevé chez le peuple portugais pour ratifier ce pitoyable argument consistant à dire que les *existences du trésor de Dom*

Miguel appartenaient au parti vainqueur, surtout lorsque l'on sait à quelles conditions elles sont entrées réellement dans le trésor public du gouvernement de Dona Maria.

Prétendre s'arroger comme de bonne prise les épaves de cet emprunt, recueillies en Angleterre et en France à l'aide de promesses et de transactions, serait un procédé qui n'a cours que chez les forbans ou les pirates. Autant il faudrait dire que la côte du Portugal est devenue inhospitalière pour les naufragés. »

Si les derniers arguments de M. Becker, que nous venons de rapporter, manquent de ménagement, — ce que nous regrettons, — nous croyons néanmoins devoir les rapporter, car ils sont absolument *irréfutables*.

IV

Nous résumerons ainsi qu'il suit, d'après l'ouvrage de M. Becker, la question de l'Emprunt D. Miguel au point de vue international et de la responsabilité :

Beaucoup d'auteurs ont entrepris d'établir la légitimité de la royauté, les uns de Dom Miguel, les autres de Dona Maria.

Nous laisserons de côté ce point de vue, d'autant que le débat nous apparait ici comme une lutte également acharnée entre les deux frères, représentant chacun un principe, — la liberté et l'absolutisme, — se soutenant chacun sur un parti puissant et n'ayant cherché ni l'un ni l'autre à se faire proclamer par le suffrage universel, ce qui, d'ailleurs, était contraire aux traditions politiques d'alors.

Ceci n'entre pas dans le but que nous nous proposons, et d'ailleurs n'avancerait en rien la solution que nous cherchons.

En droit international, ce que la logique et la raison recommandent de chercher, c'est la *manifestation de la personnalité nationale. Ubi societas, ubi jus.*

A l'intérieur, la nationalité se manifeste par l'État, qui gère ses intérêts collectifs, moraux et matériels. Dans les pays monarchiques, le roi *absorbe la collection*. Dans les pays constitutionnels, il y a transaction entre l'élément populaire et la royauté. Dans les démocraties, la manifestation est imparfaite, puisqu'elle n'émane encore que d'une majorité.

A l'extérieur, la personnalité apparait plus importante dans ses rapports avec les autres États. En réalité, l'ensemble des nationalités forme une société représentant, dans une certaine mesure, le type individuel. Cette société a des lois générales appliquées à tous et des lois spéciales déterminées par les relations particulières.

La personnalité d'un État monarchique est représentée complétement à l'extérieur par la personne du Prince, tandis que dans les républiques, elle ne l'est par le Président qu'à l'occasion de ses fonctions.

La personnalité politique des États est indépendante de leur organisation intérieure, qui ne relève que du droit constitutionnel. Changement des institutions, modification de territoire, transformation dans la forme des gouvernements, révolutions, *toutes ces choses sont des faits de souveraineté intérieure*, qui ne modifient pas la personnalité extérieure de l'État et ne peuvent influer sur l'existence d'un traité.

En résumé, chaque nation est souveraine et libre et doit avoir le droit de s'organiser librement comme elle l'entend, sous la seule réserve de ne pas léser les autres États, ses voisins.

Le fait même de la reconnaissance d'un Etat par un autre, qui avait autrefois une grande importance, n'est plus aujourd'hui qu'une formule polie qu'un Etat peut accorder ou refuser, mais dont l'octroi ou le refus ne peuvent rien sur le droit international, car il est admis aujourd'hui qu'un peuple est indépendant par le seul fait de son droit.

Raisonner autrement serait conclure à la violation de l'indépendance d'un peuple et à l'intervention à main armée; ce que le droit international, uni au droit politique, repousse énergiquement.

Appliquons ces principes à la royauté de Dom Miguel et à l'emprunt qu'il a contracté. Nous voyons ce prince, héritier du roi son père, parvenu régulièrement à la régence du royaume, transformer son titre de régent en celui de roi, le faisant ensuite consacrer par une assemblée de circonstance, il est vrai, mais agissant en cela conformément à la politique de cette époque. A l'intérieur, il s'appuie sur un parti très-influent et il est patronné à l'extérieur par les grandes puissances, alors engagées dans le système politique des Congrès de Vérone et de Laybach.

Nous avons vu qu'il n'y a pas lieu de se préoccuper si cette royauté avait été reconnue ou non par tous les Etats: d'ailleurs elle l'avait été par l'Espagne, le Pape, le Maroc, les Etats-Unis et était près de l'être par la France, l'Angleterre et l'Autriche.

Dom Miguel était un roi *absolu*; on ne peut le nier, car il a usé et abusé de l'arbitraire jusqu'aux dernières limites.

Or, comme roi absolu, voici quels étaient ses droits et sur qui pesait la responsabilité de ses actes:

A l'intérieur, le monarque absolu fait et décrète les lois, lève les impôts, rend la justice en son nom, etc.; sous ce régime, comme maître du domaine de l'Etat, il confond ses propres dépenses avec celles de l'administration civile et politique. Sa responsabilité dans ce cas, n'a de sanction que dans la révolte que peuvent provoquer ces actes de la part des sujets molestés et dans le jugement de l'histoire.

A l'extérieur, il signe les traités, contracte des emprunts et des dettes sur les places étrangères, à la garantie desquels il affecte des portions du Domaine public, de l'Etat, des Villes ou de la Couronne.

La responsabilité que l'on peut appeler, dans ce cas, externe, repose sur la Nation; c'est elle qui doit répondre des dettes, engagements ou emprunts que le roi absolu, son représentant légal, a contractés avec l'Etranger ou avec des sujets de ces Etats étrangers ; car, de ce que le droit international ne permet pas l'immixtion d'un Etat dans les affaires intérieures d'un autre Etat, il s'ensuit, qu'en échange, cet Etat doit endosser la responsabilité des actes commis par le représentant que cette nation s'est donné ou qu'elle a toléré.

Dans l'emprunt Dom Miguel, nous voyons un engagement du 5 octobre 1832, signé par le roi et contresigné par ses ministres. C'est la quittance remise aux banquiers, en échange des titres, revêtue du grand sceau des armes de Portugal et dont une copie authentique est enregistrée et déposée aux archives royales de Torre di Tumbo. Il y est dit qu'il emprunte 40 millions de francs dans la vue de la prospérité de ses Etats.

Quant au titre, il est rédigé en français et il y est dit que le payement des intérêts et le remboursement des séries se feront indifféremment chez MM. Outrequin et Jauge, banquiers à Paris, ou chez MM. Gower, banquiers à Londres.

N'y a-t-il pas, dans une obligation contractée dans ces conditions, le *forum contractus*, c'est-à-dire, engagement par lequel le débiteur étranger se soumet, pour l'exécution du contrat à la loi et à la juridiction du pays où il a contracté l'obligation. C'est une application de la règle : *Locus regit actum*.

L'emprunt porte, en outre, tous les caractères d'une dette nationale, au moyen de l'affectation, qualifiée même dans le titre d'hypothèque que l'emprunteur consent au profit des porteurs de titres, du produit de la dîme ou subside militaire des villes ou banlieues de Lisbonne et d'Oporto et, en cas d'insuffisance, *généralement* de tous les revenus du royaume.

Dira-t-on qu'il manquait ici la ratification du pays ? Mais, nous l'avons vu, les monarques absolus ne reconnaissent pas cette procédure, puisqu'ils ne considèrent pas leur royauté comme une délégation nationale, mais comme une mission d'en haut, et qu'ils ne doivent compte qu'à Dieu et à leur conscience de l'usage qu'ils font ici-bas de leur pouvoir absolu. Les emprunts Turcs, Persans, Egyptiens, de Tunis, etc., ne sont-ils pas valables ? et cependant les banquiers qui les ont négociés n'ont jamais demandé aux souverains de ces États la ratification nationale.

Le changement de souverain survenu plus tard ne saurait, nous l'avons déjà suffisamment prouvé, soustraire le pays à la responsabilité que les actes de ce monarque lui ont fait encourir originairement.

En résumé, l'Emprunt Dom Miguel, émis en France, par l'intermédiaire de banquiers français et dont les intérêts et les remboursements étaient payables à Paris, a formé un contrat régulier, engageant la responsabilité de la nation du Portugal, avec cette particularité que l'emprunteur s'est soumis, pour l'exécution du contrat, à la loi et au juge français (1).

Quant à l'encaissement des versements opérés, depuis 1833 par les agents financiers de Dona Maria, la responsabilité du Portugal s'aggrave ici de la circonstance que l'argent passé ainsi entre les mains des agents de ce gouvernement a constitué UN DÉPOT SACRÉ, que Dom Pedro, régent du royaume et chef du gouvernement de fait d'alors, s'était engagé à RESTITUER aux ayants droit.

La responsabilité de la nation portugaise, vis-à-vis des porteurs de l'Emprunt Dom Miguel, est bien établie ; mais cette responsabilité doit-elle rester platonique et les lois françaises ne permettent-elles pas de lui donner une sanction utile?

Ce qui est malheureusement certain, c'est que les résistances

---

(1) Il est vrai que notre Cour de Cassation a repoussé, en 1849, la compétence des tribunaux français. Mais elle *faisait acte* de jurisprudence, c'est à-dire *d'appréciation seulement*. Elle ne détruisait pas, — elle ne pouvait détruire, — l'article 14 de notre code civil. La Cour de Cassation, composée d'autres magistrats, pourrait fort bien juger autrement qu'elle ne l'a fait en 1849. (Voir à ce sujet l'excellente consultation de M. Henri Barboux.) Nous n'en sommes pas à apprendre qu'elle s'est souvent déjugée, qu'elle se déjuge tous les jours, comme tous les tribunaux du monde.

D'ailleurs, nos fréquents et trop justifiés démêlés avec divers gouvernements, tendent visiblement à changer la jurisprudence de 1849, qui, du reste, est absolument contraire à la loi et à l'équité, comme au droit.

du côté du Portugal se sont accentuées surtout depuis l'arrêt de la Cour de cassation du 22 janvier 1849. Aux termes de cet arrêt, le juge doit se déclarer incompétent quand un créancier français assigne devant la juridiction française un souverain ou un gouvernement étranger.

Pour arriver à cette conclusion, la Cour suprême s'est appuyée sur trois considérations :

1° Selon le droit des gens, les nations sont libres et indépendantes les unes des autres dans leur souveraineté et le droit de juridiction est un des principaux attributs de la souveraineté.

2° D'après ce même droit, les ambassadeurs et ministres plénipotentiaires d'une nation jouissant du privilége de l'exterritorialité, c'est-à-dire ne pouvant être soumis à la juridiction du pays où ils représentent leur nation, à plus forte raison on ne peut y soumettre la nation elle-même, qui communique ce privilége à ses représentants.

3° Enfin une personne qui traite avec un État étranger, par le fait de l'engagement qu'elle contracte, se soumet à la juridiction administrative ou judiciaire de cet État.

Avant de réfuter cette doctrine, disons qu'il est étrange que la cour de Cassation, dans une question de droit positif, ait fait intervenir de vagues principes du droit des gens, au lieu d'appliquer simplement l'art. 14 de notre Code civil. Celui-ci, qui n'établit aucune différence entre les débiteurs étrangers, qu'ils soient souverain, prince, nation ou simples particuliers, est ainsi conçu :

« L'étranger, même non résidant en France, pourra être « cité devant les tribunaux français, pour l'exécution des « obligations par lui contractées en France avec un Français; « il pourra être traduit devant les tribunaux de France pour « des obligations par lui contractées en pays étranger avec « des Français. »

Avec cet article, les porteurs de titre de l'Emprunt Dom Miguel auraient déjà souvent trouvé moyen de se faire rembourser, n'était le malencontreux arrêt du 22 janvier 1849.

Avant cette époque, les anciens docteurs étaient déjà fort divisés sur cette question, et depuis, si les Cours et Tribunaux ont adopté la doctrine de la cour de Cassation, des jurisconsultes distingués, tels que Demangeat et autres, la combattent avec raison.

Sans doute, un État ne peut être soumis à la juridiction d'un autre État; mais cela n'est vrai que de l'État agissant comme souverain et non quand il joue le rôle d'une personne privée. Or, s'il emprunte, il se place dans cette situation. Il ne peut alors, pas plus qu'un simple particulier, se soustraire aux conséquences de son engagement, et son indépendance ne peut être un rempart à l'abri duquel il brave impunément les réclamations de ses créanciers. Cela est vrai d'un gouvernement qui traite avec ses propres sujets, à plus forte raison cela doit-il être vrai de celui qui, franchissant la frontière où expire son autorité, vient, dans un autre pays, faire appel aux capitaux et à l'industrie privés.

Les gouvernements étrangers ne se font pas faute de poursuivre devant des tribunaux français l'exécution des engagements contractés envers eux par des Français (*Voir arrêt de la Cour de Paris du* 13 *avril* 1867, *qui déboute le gouvernement espagnol d'une action introduite contre les héritiers Aguado*). Or si, dans ce cas, leur indépendance n'est pas compromise, comment le serait-elle par l'action intentée contre eux? Ne se soumettent-ils pas à la juridiction du pouvoir étranger? Et s'ils succombent dans leur prétention, ne sont-ils pas condamnés aux dépens? D'ailleurs, l'idée qu'un gouvernement peut citer un Français devant des tribunaux français entraîne l'idée réciproque, c'est une corrélation nécessaire, comme l'idée du droit et l'idée du devoir.

La deuxième considération sur laquelle s'appuie la Cour de Cassation est relative au privilége d'exterritorialité des ambassadeurs; mais qu'est-ce que l'exterritorialité? C'est une fiction; c'est un droit par lequel l'ambassadeur vit, dans le pays où il est accrédité, sous le régime des lois de la nation qu'il représente, mais est-ce qu'un État, être moral, entité juridique, vit à l'étranger ? Il ne peut donc pas être une personne extraterritoriale, pas plus que le Souverain qui n'a pas quitté son royaume ; et ce dernier, réunissant en sa personne un double caractère, celui de simple particulier, et celui de représentant de l'Etat qu'il gouverne, soit qu'il s'agisse d'un engagement contracté comme simple particulier, soit qu'il s'agisse d'une obligation contractée par son gouvernement, il reste dans les deux cas justiciable des tribunaux français, selon les termes absolus de l'art. 14.

Quant au troisième motif, qu'une personne, par le fait de l'engagement qu'elle contracte, se soumet à la juridiction administrative et judiciaire de cet Etat ; c'est une pure pétition de principes et nous avons déjà vu que, des termes même de l'Emprunt Dom Miguel, on peut conclure que c'est l'Etat portugais qui s'est soumis à la juridiction française.

Enfin, la Cour de Cassation craint de voir les rapports entre le gouvernement français et les gouvernements étrangers s'altérer par l'effet de telles actions ; mais outre que ce n'est pas ici une raison juridique, cette crainte n'est même pas fondée. Ce n'est pas en effet le gouvernement français qui s'attribue le droit de juridiction sur les actes du gouvernement étranger ; c'est la justice française. Or, la justice est une force sociale, dont la gloire est de n'appartenir à personne, qui coexiste à côté de la souveraineté de l'Etat et en est complétement indépendante.

Tenons-nous en donc à l'article 14 du Code civil que nous avons reproduit plus haut. Sans doute, il est contraire à la règle qui veut que le défendeur soit assigné devant le juge de son domicile ; mais en cela la pensée du législateur a été d'obéir à cette loi morale universelle et au-dessus du droit des gens qui commande d'*exécuter l'obligation contractée* ; il a créé l'article 14 comme une ressource suprême offerte au créancier français pour le cas où celui-ci ne pourrait obtenir de son débiteur résidant à l'étranger une satisfaction amiable et il a voulu empêcher, comme contraire à la loi morale, le refus d'un débiteur étranger s'abritant derrière un déni de justice. Il est donc évident que toute distinction entre débiteurs est inadmissible.

Les gouvernements étrangers ne sont-ils pas intéressés eux-mêmes au triomphe de cette doctrine ; car, de nos jours, où presque tous descendent dans l'arène de la spéculation, il ne saurait être un lieu commun de rappeler que la probité est, non seulement le lien le plus sacré de transaction, mais encore la source la plus infaillible du succès. Or, invoquer le principe de l'indépendance des Etats pour se soustraire à l'accomplissement de ses engagements, c'est abuser d'un grand mot et d'une grande idée pour se placer au-dessus du droit lui-même. Enfin, c'est pour un Etat un système de défense qui ruinerait son crédit.

CONSULTATIONS

DE MM. EUG. POUILLET, ED. LABOULAYE, CH. VERGÉ, MAURICE BLOCK, BOZÉRIAN, JOZON, ED. ROUSSE, H. BARBOUX, A. VAVASSEUR, AD. HUARD

Le conseil soussigné, après avoir pris connaissance du mémoire qui précède et des documents qu'il relate, est d'avis que les porteurs d'obligations de l'emprunt Dom Miguel *sont en droit d'en réclamer le remboursement au gouvernement portugais.*

Deux raisons le décident : En premier lieu, il est clairement établi, par le mémoire, que si, au regard de sa nièce, Dona Maria, le régent Dom Miguel a pu être considéré comme un usurpateur, sa royauté a été en réalité légale au regard du peuple portugais. Il a été véritablement roi par la volonté de la nation qui l'a, si non proclamé, du moins accepté comme tel, et sa royauté non-seulement a été, pendant plusieurs années, reconnue en fait en Portugal, à tel point que la justice y était rendue, les actes publics passés en son nom, mais encore cette royauté a été diplomatiquement reconnue par plusieurs des grands États. A tort ou à raison, le gouvernement de Dom Miguel a, pendant un intervalle de temps plus ou moins long, personnifié l'État en Portugal. Dès lors, les engagements pris par l'Etat, quel qu'en ait été le représentant, à ce moment, continuent de l'obliger, après que ce représentant, par suite des vicissitudes politiques, a changé. Admettre le système contraire, ce serait singulièrement affaiblir le crédit des États ; le jour où il sera établi, en principe, que les prêteurs, auxquels un État s'adresse, ne prêtent qu'à leurs risques et périls, et ont pour garantie de leur prêt la parole non de l'État lui-même, mais du gouvernement plus ou moins fragile du moment ; le jour où les prêteurs devront nécessairement se faire juges de la légalité comme de la politique du gouvernement qui emprunte, on peut dire avec certitude que le crédit des Etats sera frappé de mort. Le conseil soussigné n'hésite donc pas à penser que le gouvernement qui a succédé à celui de Dom Miguel est légalement tenu, et se doit à lui-même de remplir les obligations que l'État portugais a prises envers ces tiers.

En second lieu, et cette observation coupe court à toute discussion, il est constant qu'une partie importante de l'emprunt avait été trouvée par le gouvernement de Dona Maria dans les caisses publiques. Dom Pedro au nom de sa fille a, par un acte public, ordonné que compte serait fait des deniers provenant de l'emprunt, pour le montant en être restitué aux ayants droit. Or, les finances du Portugal, longtemps malheureuses, ont jusqu'ici empêché cette restitution. Elle n'en est pas moins restée un droit pour ces obligataires, droit qu'ils tiennent non-seulement de la confiance qu'ils ont eue dans l'État du Portugal, mais encore des déclarations publiques du gouvernement, qui, sans nul doute avec raison, s'est prétendu le seul légitime et le seul régulier. Cette restitution avec les intérêts courus depuis le jour où le décret de Dom Pedro a reconnu l'exigibilité de la somme, ne saurait être refusée aux porteurs d'obligations, sans violer tout à la fois les principes les plus élémentaires du droit et la parole solennellement donnée.

A tous ces points de vue, le conseil soussigné croit au bien fondé de la réclamation des porteurs d'obligations de l'emprunt Dom Miguel.

Délibéré à Paris, le 14 août 1874.

Ed. Pouillet,
Avocat à la Cour de Paris.

Paris, 12 octobre 1874.

Mon cher Monsieur,

Après avoir parcouru votre mémoire sur l'emprunt D. Miguel, je me fais un plaisir de reconnaître le mérite de ce travail si soigné et si bien étudié. La justice de la cause me semble d'ailleurs évidente. Une fois les faits bien constatés, elle peut se résumer dans ce principe élémentaire : Le Portugal a reçu de l'argent, donc il le doit, capital et intérêts. Il doit, si l'on reconnaît à cet argent le caractère d'un emprunt ; il doit, si une partie de la somme est considérée comme dépôt ; il doit, en tous cas, ce dépôt.

Quant à la légitimité du gouvernement de D. Miguel, le légiste la contestera, mais l'homme politique sera obligé de la reconnaître, ce me semble.

Recevez mes sincères compliments.

M. Block.

Glatigny, 21 octobre 1874.

Cher Monsieur,

J'ai lu avec intérêt le mémoire que vous avez eu la bonté de m'envoyer en me demandant mon avis. Je vous le donnerai brièvement en regrettant de ne pas partager votre opinion sur un point important.

Vous avez parfaitement établi :

1° Que dom Miguel était souverain de fait en Portugal quand il a contracté l'emprunt de 1832 ;

2° Que dom Pedro avait pris l'engagement de remettre les reliquats de cet emprunt entre les mains de ceux auxquels ils pouvaient appartenir de droit ;

3° Que le gouvernement portugais a profité de ce reliquat d'emprunt et qu'en équité il ne peut pas s'enrichir aux dépens d'autrui.

Tout cela est juste et vrai.

Ed. Laboulaye,
Membre de l'Institut.

Paris, 30 octobre 1874.

J'estime que les tribunaux français sont compétents pour connaître des réclamations formées par des citoyens Français contre un gouvernement étranger ayant agi, non comme État souverain, mais comme personne privée, dans un intérêt commercial ou financier.

— Pourquoi ?

— Parce que l'article 14 du Code civil ne contient aucune exception.

— Parce que, au point de vue de la morale et du droit, il est impossible de comprendre des engagements ou conventions sans l'éventualité de dissentiments et par suite de tribunaux quelconques pour en prononcer la solution.

— Parce que les tribunaux français étant compétents pour connaître des réclamations élevées contre le gouvernement français par des Français et relatives à des questions de propriété, il est difficile d'admettre que ces tribunaux présentant des conditions suffisantes de lumières, d'indépendance et d'impartialité dans ce dernier cas, ne se recommandent pas par les mêmes qualités pour statuer sur des contestations concernant un gouvernement étranger.

— Parce que l'objection tirée de la difficulté d'exécuter une sentence rendue contre un gouvernement étranger n'est pas une raison suffisante pour ne pas faire reconnaître et constater l'existence d'un droit. Du reste, la difficulté d'exécution n'est pas absolue et on comprend tel cas où, au contraire, l'exécution peut s'accomplir dans des conditions normales, et sous ce rapport les jugements obtenus contre le gouvernement français rencontrent également des difficultés sérieuses d'exécution.

— Parce que les tribunaux français, en reconnaissant leur compétence quand les gouvernements étrangers sont demandeurs contre des Français, accueillent également les demandes reconventionnelles des Français contre les gouvernements étrangers (1) et qu'il est impossible de discerner la différence des éléments et des principes de la compétence suivant que la demande est introduite directement ou par voie d'exception et de demandes reconventionnelles.

— Parce qu'enfin, à une époque où les gouvernements usent et abusent des emprunts publics qu'ils émettent sur les différentes places de l'Europe et souvent n'accomplissent pas leurs engagements, il est nécessaire, pour la moralité de ces opérations et le maintien du crédit public, que les tribunaux, c'est-à-dire la justice de chaque État, rappellent solennellement les grands et les petits au respect des conventions qui sont la loi

---

(1) Jugement du tribunal civil de Paris, du 21 février 1866, confirmé par arrêt de la cour de Paris, du 13 avril 1867 (1re chambre), suivi d'un arrêt de rejet de la cour de Cassation, du 6 janvier 1869 (Dalloz, 1869, 1,225) : Le gouvernement espagnol, demandeur contre les héritiers Aguado ; ce gouvernement ayant succombé, a été condamné aux dépens d'instance, d'appel et de cassation. (Note de l'auteur de la brochure.)

morale et civile des parties, quels que soient le rang et la position qu'elles occupent dans la société ou dans le monde.

CH. VERGÉ,
Docteur en droit,
Membre de l'Institut.

Paris, 25 novembre 1874.

La solution de la question de compétence se trouve dans la distinction suivante :

Ou l'emprunt du gouvernement étranger a le caractère d'acte public, ou il n'est qu'un contrat privé. Dans le premier cas, ce serait la juridiction étrangère qui serait compétente ; mais, dans le deuxième, la juridiction française.

Or, à mon avis, c'est le caractère de contrat qui l'emporte, comme il ressort avec tant d'évidence de la formule même universellement employée. Ne dit-on, pas en effet : un emprunt *contracté* par tel gouvernement? Formule exactement pareille à celle qui s'applique aux emprunts contractés par les particuliers.

L'emprunt est un contrat. Quelle que soit sa destination, qu'il serve à des dépenses de guerre, à des travaux du domaine public, ou aux besoins du domaine privé de l'État qui emprunte, les prêteurs n'ont pas à s'en inquiéter. Ce qui se passe entre eux et l'État est une convention librement formée et débattue, qui s'appelle, dans la langue juridique, un contrat synallagmatique.

Ce qui a fait la confusion, c'est que, dans les pays constitutionnels, l'emprunt est précédé d'un acte qui émane, en effet, de l'autorité publique ; c'est l'acte du parlement, ou du pouvoir quelconque en tenant lieu, qui autorise le pouvoir exécutif à contracter l'emprunt. Voilà pourquoi les emprunts d'État sont appelés aussi des emprunts publics ; mais ce n'est qu'une habilitation préalable au contrat qui ne saurait avoir pour effet de soustraire celui-ci au domaine du droit privé.

On conçoit dès lors que l'objection tirée de l'indépendance réciproque des États soit sans valeur; un État qui traite avec les citoyens d'un pays étranger, soit pour leur emprunter de l'argent, soit pour leur acheter des armes, des navires, des machines, des objets quelconques, sait à l'avance que les litiges à naître du traité seront soumis à la juridiction de ce pays; il en est du moins ainsi en France, en vertu de l'art. 14 de notre Code civil, qui est censé avoir été tacitement accepté par les parties contractantes.

Il pourrait en être autrement s'il s'agissait de quasi-délits, ou d'actes plus graves accomplis par un État étranger au détriment d'un de nos nationaux; en pareil cas, le gouvernement étranger serait souvent fondé à soutenir qu'il a exercé l'*imperium*, que l'action diplomatique doit seule être mise en mouvement et que le Tribunal étranger, en connaissant de ses actes, attenterait à sa souveraineté. Mais c'est là une tout autre hypothèse que, dans notre jurisprudence, on a quelquefois confondue avec celle du contrat; et il y a entre les deux un abîme.

On a objecté qu'en France même, les tribunaux civils seraient incompétents pour statuer sur un litige né d'un emprunt contracté par le gouvernement français, et l'objection est fondée. En vertu du principe de la séparation des pouvoirs, c'est le Ministre des finances, comme juge administratif, qui devrait être saisi, sauf recours au Conseil d'État. Mais ce principe de notre droit public ne saurait bien évidemment pas être invoqué par le gouvernement étranger, qui reste soumis à la juridiction de droit commun, c'est-à-dire à la juridiction civile.

D'autres objections secondaires ont été proposées, et nous les passerons rapidement en revue :

1° L'exécution de la sentence française serait, dit-on, impossible contre l'État étranger. Mais qui sait? Ne possède-t-il pas, ou ne possédera-t-il pas quelque bien en

France? C'est là une raison purement contingente qui ne saurait toucher ni le jurisconsulte ni le magistrat, et l'on s'étonne à bon droit qu'elle ait pu trouver faveur auprès de graves esprits.

2° L'art. 14 du Code civil ne concerne que les personnes. — Mais n'est-il pas reconnu qu'il s'applique aux personnes morales aussi bien que physiques, aux sociétés, aux entités juridiques, et dès lors, pourquoi pas aux États?

3° Un État étranger, dit-on encore, peut réduire sa dette, la convertir, faire banqueroute, et comment, en pareil cas, les tribunaux français pourraient-ils le condamner? — Si, en effet, il y a eu réduction ou conversion de la dette par un acte régulier de l'autorité publique, par un acte de gouvernement, nous inclinerions à croire que la voie diplomatique serait seule ouverte aux créanciers; le contrat serait violé; mais ce n'est pas à nos tribunaux qu'il appartiendrait de le venger. S'il y avait simplement banqueroute de fait, c'est-à-dire impossibilité de payer, ce ne serait pas un obstacle à la poursuite devant nos tribunaux; car il n'est pas défendu de poursuivre un débiteur insolvable, sauf à ajourner l'exécution à des temps meilleurs.

Il reste à examiner si le gouvernement de dom Miguel était un gouvernement de fait, s'il avait capacité, lui, ou dom Pedro, sans le concours des Cortès, pour engager la nation; si le gouvernement qui lui a succédé n'a pas profité de l'emprunt ou ne l'a pas ratifié. Mais ce sont là les questions du fond, dont les tribunaux français n'auront à connaître qu'après avoir déclaré leur compétence et sur lesquelles je réserve mon opinion.

A. Vavasseur,
Avocat au barreau de Paris,
ancien maître des requêtes
au Conseil d'État.

Paris, 7 janvier 1875.

Note du consultant : J'ajoute aux considérations qui précèdent que, si l'emprunt pouvait être considéré comme un acte politique, ce ne serait jamais que vis-à-vis de l'État qui emprunte et non vis-à-vis des prêteurs. L'acte aurait ainsi un double aspect comme ces actes qui, dans un ordre d'idées différent, sont tout à la fois commerciaux vis-à-vis de l'une des parties et civils par rapport à l'autre.

D'ailleurs, il y aurait même exagération à dire que l'acte est purement politique de la part de l'État emprunteur. Il a bien ce caractère dans la phase préparatoire, lorsque les pouvoirs publics sont appelés à délibérer sur l'opportunité de l'emprunt, mais jusque-là, ce n'est encore qu'un projet, et lorsque ensuite la réalisation a lieu, par la mise en rapport de l'État emprunteur avec les prêteurs, le contrat se forme à ce moment-là seulement, et il est parfaitement exact de dire que ce contrat est de pur droit privé à l'égard des deux parties.

A. Vavasseur.

Paris, le 5 décembre 1874.

Mon cher Confrère,

Je viens de lire votre brochure sur l'emprunt D. Miguel de 1832. Vous réveillez le souvenir de l'un des épisodes les plus dramatiques de l'histoire contemporaine, et vous renouvelez la discussion de la plus belle question qu'offre le droit international ; aussi la lecture de votre travail m'a causé le plus vif plaisir. Cependant vous me demandez mon opinion sur les questions de droit et de fait traitées dans votre brochure. A quoi bon, en vérité ? La cause des porteurs de l'emprunt D. Miguel a été défendue par Berryer, Vatimesnil, Dufaure ; la compétence des tribunaux français, pour juger les questions soulevées par les emprunts étrangers, a été soutenue par les publicistes les plus brillants. Ce n'est assurément pas mon humble avis qui peut fortifier ou ébranler la conviction que vous partagez avec ces grands jurisconsultes.

Mais vous voulez sans doute connaître l'impression que votre dissertation peut produire sur l'esprit de ceux qui s'adonnent à l'étude du droit international. A ce point de vue, il ne me semble pas qu'il puisse y avoir de doutes, pour quiconque connaît les principes du droit des gens, ou pour parler plus exactement, pour quiconque veut les appliquer, sur la justice de la réclamation des porteurs de l'emprunt D. Miguel. Je n'applique pas seulement cette observation à la partie de l'emprunt retenue dans les caisses du gouvernement portugais, mais encore à tout le surplus de l'emprunt contracté par D. Miguel. On trouverait difficilement une raison à opposer à celles que vous accumulez. Les principes du droit des gens, les règles de la justice naturelle sont ici d'accord avec l'utilité, avec l'intérêt de la nation portugaise. On pourrait, il est vrai, vous opposer l'exemple des États-Unis après la guerre de sécession ; mais l'histoire ne permet pas cette assimilation entre la rébellion d'une partie des sujets d'un empire et la guerre civile poursuivie entre deux prétendants dont l'un, avant d'être vaincu, a été accepté par la nation et reconnu même par plusieurs gouvernements étrangers.

Mais sur la question de compétence des tribunaux français, vous ne pouvez pas vous flatter de rencontrer la même unanimité ; je ne veux pas dire que les raisons données par la jurisprudence soient décisives. A mon sens, au contraire, il en est du grand principe de l'indépendance des peuples comme du grand principe de la séparation des pouvoirs appliquée aux questions de compétence. Lorsqu'on ouvre ces phrases sonores, on arrive bien aisément à reconnaître qu'elles ne renferment que des idées vagues ou fausses, et on se laisse aller à penser que cette métaphysique pourrait être, sans inconvénient, bannie de la langue du droit. Mais qu'ajouterais-je à l'argumentation d'hommes comme MM. Demangeat et Ch. Royer? Ils n'ont rien laissé à dire sur cette question. Ne vous effrayez pas d'ailleurs de la jurisprudence qui règne aujourd'hui. Quand on a la conviction de défendre la vérité, il faut imiter les Juifs au siége de Jéricho et sonner de la trompette jusqu'à ce que les murs tombent. D'ailleurs la jurisprudence a longtemps hésité ! Pourquoi ne changerait-elle pas ? Rien n'est plus curieux que l'étude de ses variations et rien ne serait plus intéressant que d'en écrire l'histoire en la rapprochant des crises politiques et des transformations sociales subies par notre pays. J'incline donc à penser avec vous qu'il y a là, non une jurisprudence désormais fixée, mais une oscillation qui sera suivie d'un mouvement en sens contraire. Seulement, il faut choisir l'instant où le pendule commencera à redescendre.

Veuillez agréer, etc.

Henry Barboux,

Avocat au barreau de Paris, membre du Conseil de l'Ordre

Paris, ce 7 novembre 1874.

Sur la première question examinée par mon honorable confrère M. Becker, il ne me paraît pas qu'il puisse s'élever un doute sérieux. Le gouvernement portugais est obligé, par les règles du droit et par les principes de l'équité, non moins que par la raison d'État, de rendre aux porteurs de titres de l'Emprunt de D. Miguel, les sommes qu'ils ont versées dans les mains des agents de ce prince.

Peu importe le caractère définitif que les événements ont pu donner aujourd'hui au gouvernement de D. Miguel. Pour juger la valeur des obligations qu'il a contractées, il faut retourner à quarante ans en arrière, au moment où ce prince régnait à Lisbonne, avec tous les dehors et tous les pouvoirs de la souveraineté, acclamé par les États du royaume; reconnu à la fois par le Pape, l'Espagne et les États-Unis d'Amérique ; sur le point de l'être par l'Angleterre et par la France ; négociant un Emprunt de 40 millions de francs coté dans les Bourses de Londres et de Paris ; commandant toutes les forces militaires du Portugal ; faisant rendre la justice en son nom, et faisant pendre, après jugement, un de ses sujets, coupable « *d'avoir nié sa légitimité.* »

Ce n'est pas, d'ailleurs, au temps où nous vivons et dans un pays comme le nôtre, qu'on peut faire trop bon marché des gouvernements de fait, et dénier les obligations qu'ils peuvent léguer après eux à la nation qui les a subis. Dans l'état actuel de l'Europe, où sont les gouvernements de fait ? où sont les gouvernements de droit ? Et quel est le jurisconsulte qui, d'une main sûre, fixera entre eux la limite ? Une certaine durée, le consentement ou la tolérance du pays ; la conduite diplomatique des autres États : tels sont à peu près les seuls signes auxquels se puisse reconnaître aujourd'hui la souveraineté. Aucun de ces signes n'a manqué à la royauté de D. Miguel.

Le Portugal et le règne du *Rey netto* ne tiennent qu'une très-petite place dans les grandes aventures de notre siècle. Mais en 1815, lorsque, avec l'empire de Napoléon, se sont écroulées toutes les souverainetés éphémères qu'il avait créées, les contrats consentis par elles n'ont pas été, que je sache, désavoués par les souverainetés qui les remplaçaient. Qu'il s'agisse de la principauté de Neufchâtel, du royaume d'Espagne ou du royaume d'Italie, la dette publique de ces gouvernements déchus est demeurée la dette publique du pays.

Et s'il en doit être ainsi des gouvernements imposés par la conquête, comment n'en serait-il pas de même des gouvernements nés au sein même d'un État, de la lutte des partis qui le divisent et des séditions qui le déchirent ? Dans ce cas, plus qu'en aucun autre, le pays tout entier est responsable de la souveraineté qu'il a acceptée ou qu'il a tolérée ; et il n'a pas le droit de rejeter, lorsqu'elle a disparu, les engagements qu'il lui a laissé prendre en son nom.

Si le gouvernement actuel de Madrid était renversé et remplacé par D. Carlos ou par le prince des Asturies, est-ce que ces souverains, au lendemain de leur avénement, pourraient briser les contrats financiers signés par le ministre du maréchal Serrano ? Ils pourraient bien ne pas payer les créanciers, ce qui même en Espagne ne serait pas sans exemple ; mais en droit ils ne seraient pas moins tenus de la dette (1).

Quant à la France, sa fidélité persistante aux engagements que ses gouvernants, même les plus imprévus, ont souscrits pour elle n'est pas seulement son honneur devant le monde. Dans ses bons et ses mauvais jours, c'est tour à tour le gage le plus manifeste de sa puissance et la sauvegarde la plus solide de sa faiblesse.

Il est possible que le gouvernement portugais veuille ne tenir aucun compte de ces exemples ; mais ce qu'il ne peut pas oublier, c'est qu'en Portugal, au lendemain des faits dont il s'agit, ses devanciers eux-mêmes ont reconnu, au moins implicitement, les principes de droit et de probité politique que je viens de rappeler.

En reprenant le pouvoir aux mains de D. Miguel, D. Pedro a trouvé dans les caisses de l'État une somme importante provenant de la négociation des traites fournies en payement de l'Emprunt de D. Miguel. Et dans le décret du 31 juillet 1833, qui nomme une commission chargée de répartir entre les souscripteurs les fonds provenant de cette opération, le Régent s'exprime ainsi : « Bien qu'un contrat pareil ne soit pas obligatoire pour le Portugal, *il répugne à ma générosité* de mettre le moindre empêchement à la remise des fonds qui proviennent de ces Emprunts, entre les mains de ceux auxquels ils peuvent appartenir de droit, en temps convenable. »

---

(1) Au moment où l'honorable consultant rédigeait sa consultation datée du 7 décembre 1874, il ne pouvait prévoir que cette supposition de l'avénement du prince des Asturies à la royauté se réaliserait si vite. A peine proclamé roi par les généraux de l'armée d'Espagne, le 31 décembre, il était reconnu par les États-Unis et les puissances européennes dans le courant de janvier 1875, sans qu'on eût même attendu pour cela la convocation de nouvelles cortès. Or ceci ne nous semble pas de nature à relever la valeur que certains esprits attachent, en droit international, à la reconnaissance d'une royauté ou d'un gouvernement de fait.

28 janvier 1875. — Note de M. Becker.

Le mot de *générosité* n'est pas là tout à fait à sa place, mais c'est un souverain, un vainqueur et un Portugais qui parle ainsi. Ce qui reste du décret, c'est que le gouvernement ne veut rien garder de l'emprunt, et qu'en s'arrogeant le droit de rompre le marché, il se tient au moins pour obligé de rendre l'argent.

Depuis quarante ans, *le temps convenable* prédit par le décret n'est point arrivé, et rien n'annonce qu'il soit proche ; mais le droit est certain, la dette est confessée ; et s'il peut se rencontrer en Portugal comme ailleurs, des jurisconsultes pour apprendre au gouvernement que ses créanciers n'ont contre lui aucun recours, il ne s'en trouvera aucun, j'en ai l'assurance, pour lui dire qu'il peut honnêtement ne les point payer.

J'ai dit que les créanciers du gouvernement n'avaient contre lui aucun recours. J'entends par là que les Français, porteurs de titres de l'emprunt royal de Dom Miguel, n'ont point d'action pour en réclamer, devant les tribunaux français, le remboursement. Et sur ce point, malgré les autorités considérables qu'il invoque, je ne saurais adhérer à la thèse très-habilement développée par l'honorable M. Becker.

Je ne crois pas que, dans l'état actuel de notre droit politique et de notre droit civil, le souverain d'un État, c'est-à-dire cet État lui-même, soit jamais justiciable d'un tribunal étranger.

Je ne crois pas que l'article 14 du Code civil ait le sens si étendu qu'on lui veut prêter. Son but véritable, ç'a été de favoriser au dehors, pour le Français, les transactions de la vie civile et commerciale avec les particuliers, en lui permettant de poursuivre en France, devant les juges français, l'exécution des engagements pris envers lui. Mais rien n'indique que le législateur ait voulu aller plus loin et imposer les juridictions françaises à l'État étranger ; et les termes mêmes de l'article 14 me paraissent répugner à cette extension.

Rien ne peut faire supposer non plus que les *grandes inspirations humanitaires de la Révolution française* aient eu leur part dans la rédaction de cet article.

Enfin, et sans pousser plus avant ces observations, il ne me semble pas que l'arrêt rendu par la Cour de cassation, en 1849, mérite les critiques dont il est l'objet dans le travail de M. Becker et dans les écrits des éminents jurisconsultes qu'il rapporte. Je ne pense pas qu'en une matière si périlleuse, alors que le sens de la loi est tout au moins fort incertain, il soit interdit au juge de s'inquiéter des résultats des décisions qu'on lui demande.

Si l'État étranger peut être condamné en France, il faut qu'il puisse y être exécuté sur toutes les propriétés, de quelque nature qu'elles puissent être. Si, comme le pense M. Becker, on peut saisir en France, en vertu d'un jugement français, le produit d'un emprunt espagnol ou portugais, pourquoi ne pourrait-on pas saisir au même titre, dans nos ports, un navire anglais ou prussien? Veut-on aller jusque-là et peut-on croire que, dans l'article 14, le législateur ait prévu ces extrémités?

Au reste, à ne parler que de la saisie des fonds provenant d'un emprunt étranger, comment concevoir qu'après avoir admis à la cote française un emprunt étranger, on puisse saisir le produit de cet emprunt ainsi négocié sur la foi et avec l'autorisation expresse du gouvernement français.

EDMOND ROUSSE,
Avocat à la cour d'appel.
Ancien bâtonnier
et Membre du Conseil de l'ordre.

Paris, le 25 décembre 1874.

Je partage l'avis de mon honorable confrère, M. H. Becker, relativement à l'obligation, pour le gouvernement Portugais, d'exécuter les conditions de l'emprunt contracté en 1832 par Dom Miguel.

J'admets, comme lui, que ce gouvernement est tenu naturellement et civilement de rembourser cet emprunt.

Quel motif ce gouvernement invoque-t-il pour se soustraire à cet engagement? C'est que le gouvernement de Dom Miguel n'aurait jamais été qu'un gouvernement de fait, et que les obligations contractées par ce gouvernement ne sauraient être opposables au gouvernement qui l'a remplacé, et à ceux qui lui ont succédé.

J'ignore si le gouvernement portugais attache une grande valeur à ce raisonnement; quant à moi, je me permets d'en douter, et je suis porté à n'y voir qu'un moyen habile de dissimuler ce que, en bon français, on ne saurait appeler autre chose qu'une banqueroute; j'ajoute que ce moyen, emprunté aux plus déplorables théories, ne saurait avoir aucune portée aux yeux de la justice et de la raison.

Suivant moi, au point de vue de l'espèce actuelle, la légitimité de la dette ne dépend pas de la légitimité du gouvernement de Dom Miguel, du moment qu'on le juge digne de ce nom de gouvernement. Quand le gouvernement d'un État fait une stipulation, c'est l'État qui s'oblige et qui devient débiteur, et cet État ne cesse pas de l'être, malgré les modifications survenues dans la nature, le nom et la forme des gouvernements qui peuvent succéder à celui qui a stipulé. Un État ne pouvant, d'ailleurs, en tant qu'être de raison, agir qu'au moyen d'un intermédiaire qui parle en son nom, c'est-à-dire par l'intermédiaire de son gouvernement, celui-là a qualité pour le représenter, qui possède entre ses mains la réalité, la matérialité du pouvoir gouvernemental; d'où la conséquence qu'un État est toujours obligé par son gouvernement, régulier ou irrégulier, légitime ou illégitime, du moment que c'est le gouvernement de l'État.

En dehors de ces principes si importants, si essentiels, au point de vue de l'honnêteté et du crédit publics, il n'y a plus que contradiction et arbitraire.

Si, en France, ils n'avaient pas été observés par nos gouvernants comme une règle immuable et sacrée, on aurait vu dans les diverses phases de notre existence politique, on aurait vu, dis-je, sous prétexte que le gouvernement précédent n'aurait été qu'un gouvernement de fait, la République renier les dettes de la Royauté, l'Empire renier celles de la République, la Restauration renier celles de l'Empire.

Cela n'a pas été, cela ne pouvait pas être, parce que, lorsque la République, lorsque l'Empire, lorsque la Royauté s'engageaient vis-à-vis de tiers de bonne foi, elles engageaient la France, et que la France était et demeurait la vraie débitrice, quel que fût le nom du signataire.

Si, laissant de côté ces considérations générales, on examine les circonstances spéciales signalées dans l'étude de M. Becker, on arrive de plus à la conviction que le paiement de l'emprunt Dom Miguel incombe au gouvernement portugais; il lui incombe, parce qu'en poursuivant les débiteurs de cet emprunt, les tireurs de lettres de change, qui étaient tombées aux mains du vainqueur avec une partie des fonds produits par l'emprunt, le gouvernement de Dona Maria a reconnu par là même, en la faisant sienne, en se l'appropriant, l'existence de l'opération et la validité du contrat; d'où suit que les successeurs de ce gouvernement ne sont plus libres aujourd'hui de répudier les conséquences de l'opération, parce que ces conséquences en seraient onéreuses pour eux.

On doit donc reconnaitre que l'État portugais est tenu au paiement de l'emprunt Dom Miguel, non-seulement pour partie, mais pour le tout. S'il en est ainsi, nous n'avons pas besoin de nous expliquer sur le mérite d'une action de *in rem verso* : Disons toutefois que, en admettant qu'on pût contester que le gouvernement portugais est tenu pour le tout de l'emprunt de Dom Miguel, il serait du moins impossible de méconnaître que ce gouvernement est tout au moins tenu jusqu'à concurrence des sommes qu'il a trouvées dans les caisses publiques, et dont il a fait son profit, ainsi que des intérêts dont ces sommes se sont grossies depuis cette époque; car je ne sache pas que les États soient moins assujettis que les particuliers à cette règle de droit et d'équité, que nul ne peut s'enrichir aux dépens d'autrui.

Je n'hésite pas davantage à reconnaître la compétence des

tribunaux français pour statuer sur les réclamations des obligataires, et prononcer contre l'État portugais les condamnations qui, suivant nous, doivent l'atteindre. Cette compétence résulte de l'art. 14 du Code civil, qui soumet à la juridiction des tribunaux français tous les étrangers qui contractent avec un Français, soit en France, soit à l'étranger, sans distinguer si le contractant est une personne privée ou une personne publique, un particulier ou un État. C'est d'ailleurs en France que l'emprunt de Dom Miguel a été contracté; c'est sur le marché français que les obligations ont été négociées; par suite, le gouvernement portugais s'est librement et volontairement soumis à la loi française, et à l'application de l'art. 14.

On nie l'applicabilité de cet article, parce qu'en contractant son emprunt, Dom Miguel aurait fait un acte de souveraineté, pour lequel il ne saurait être justiciable d'une juridiction étrangère. Erreur! Quand un gouvernement contracte un emprunt pour ses besoins, il fait un acte d'administration, il accomplit une gestion financière. S'il agit en souverain, lorsqu'il déclare la guerre, lorsqu'il conclut un traité d'alliance ou de commerce, il en est autrement lorsqu'il passe un contrat, lorsqu'il conclut un marché dans des conditions semblables ou analogues à celles dans lesquelles un particulier peut conclure et contracter; pour de tels actes, un gouvernement ne saurait se soustraire à l'application des principes du droit commun; et si, sur ce point, nous sommes en désaccord avec la jurisprudence, c'est sans doute parce que les juges qui ont rendu les décisions rappelées dans le mémoire ont subi plus ou moins involontairement l'influence de considérations politiques, qui ne doivent trouver ni place, ni écho, dans l'enceinte de la justice.

En résumé, j'estime que le gouvernement portugais est tenu des conséquences de l'emprunt contracté par Dom Miguel, et que les tribunaux français sont compétents pour apprécier et déterminer ces conséquences.

J. Bozérian,

Avocat à la Cour de cassation.

Paris, le 29 décembre 1874.

L'avocat soussigné,

Consulté sur les droits que peuvent avoir les souscripteurs de l'emprunt de Dom Miguel contre le gouvernement portugais, est d'avis :

Que ce gouvernement ne peut leur refuser la restitution de la partie de cet emprunt dont il a bénéficié. C'est, en effet, une règle générale de droit naturel, et qui doit partout et toujours être respectée, que nul ne doit s'enrichir aux dépens d'autrui. Les jurisconsultes romains, qui avaient inventé pour sanctionner cette règle l'action *de in rem verso*, ont posé sur ce point des principes qui sont encore applicables. En vertu de ces principes, le gouvernement portugais ne peut légitimement conserver les sommes provenant des versements des souscripteurs de bonne foi, non encore employées, qu'il a trouvées dans les caisses de Dom Miguel. Ces sommes avaient été prêtées par ces souscripteurs de bonne foi, non pas à Dom Miguel personnellement, mais au gouvernement portugais, que Dom Miguel représentait à leurs yeux. En admettant qu'ils se soient trompés sur la qualité de ce dernier, leur erreur les exposait, si leurs versements étaient dissipés par Dom Miguel à n'avoir aucun recours contre le gouvernement portugais. Mais, du moment qu'en fait, l'argent prêté par eux à ce gouvernement, quoique mal versé d'abord, a fini par lui parvenir, il lui en doit compte, et se trouve obligé soit de le leur restituer, comme le détenant sans cause, soit de se considérer comme ayant succédé aux obligations prises par Dom Miguel, et comme tenu d'exécuter le contrat passé entre les souscripteurs de l'emprunt et lui, jusqu'à concurrence, bien entendu, des sommes non encore dissipées par Dom Miguel, et dont le gouvernement portugais a profité.

Paul JOZON,
Docteur en droit,
Avocat au Conseil d'État et à la Cour de cassation.

Paris, 28 janvier 1875.

Après avoir lu la brochure de l'honorable M. Becker, je n'hésite pas à donner mon adhésion formelle aux idées qui y sont exprimées.

C'est un principe incontestable que les nations sont tenues au payement des dettes contractées par les gouvernements qui les ont successivement représentées.

Les gouvernements changent, mais la nation reste, et c'est à elle que les créanciers ont prêté.

Soutenir le contraire, ce serait défendre une thèse inique, immorale et destructive de tout crédit.

Je n'admets pas qu'on puisse établir à cet égard une distinction entre les gouvernements de fait et les gouvernements de droit. Les uns comme les autres, par cela seul qu'ils ont vécu, ont été les représentants de la nation et ont eu, par suite, le droit de traiter en son nom.

Il n'y a d'exception possible à ce principe que lorsqu'il s'agit d'un pouvoir éphémère, installé par une poignée de factieux, et qui, imposé un instant par violence, a été renversé peu de temps après sa naissance. Dans ce cas, les chefs de l'insurrection, momentanément victorieuse, ne représentent pas le pays, et s'ils ont contracté un emprunt ils en sont seuls responsables. Mais peut-on dire qu'il en est ainsi pour l'emprunt de Dom Miguel ?

Nullement.

De 1828 à 1833, Dom Miguel a gouverné le Portugal. Installé dans la capitale, il a, pendant toute cette période, dirigé les affaires tant à l'intérieur qu'à l'extérieur. Il a donc été le chef, non d'une insurrection, mais d'un gouvernement véritable, et les engagements qu'il a pris obligent son pays.

Adrien HUARD,
Avocat au Barreau de Paris.

CONCLUSION

Tous les honorables jurisconsultes dont nous avons réclamé les avis sont unanimes, on l'a vu, à reconnaître la parfaite légitimité des réclamations que les porteurs de titres de l'emprunt contracté par Dom Miguel, en 1832, font entendre depuis plus de quarante ans.

Avant eux, MM. Berryer, Dufaure, Odilon Barrot et et de Vatimesnil, hautes illustrations du barreau de Paris, s'étaient prononcés dans le même sens.

Les jurisconsultes et les hommes d'État du Portugal ne songeront jamais, nous en sommes bien sûrs, à récuser de telles autorités. Pour ne citer qu'un nom, un très-honorable ministre des finances, M. Cazal de Ribeiro, ne nous a-t-il pas donné raison depuis longtemps ?

Nos consultants ne sont point d'accord entre eux sur la question de la compétence des tribunaux français : cela nous importe peu en ce moment.

Nous ne nous affirmons point comme des plaideurs, mais bien comme des hommes de conciliation, qui ont reçu en héritage des titres souscrits de bonne foi par leurs pères, et nous venons faire appel à la loyauté du Gouvernement portugais.

La marche que nous suivons est certainement la meilleure et nous avons la conviction qu'elle ne peut rencontrer que de profondes sympathies parmi la généralité des hommes d'État du Portugal : — ce n'est assurément pas trop présumer de leur probité et de l'élévation de leurs sentiments.

Nous leur redirons cependant encore ce que nous disions il y a deux ans environ à M. le comte de Seisal, bien qu'il nous semble avoir déjà gagné notre cause : — Si l'opinion publique, en Portugal, a condamné l'emprunt Dom Miguel, c'est aux hommes d'État portugais à réagir contre un tel sentiment, en ce qui concerne nos droits.

D'ailleurs, méritons-nous d'être plus maltraités que ne l'a été Dom Miguel lui-même, auquel, après sa chute, on laissa la plupart de ses biens et qui fut doté d'une très-grosse pension!

En ce qui concerne tout spécialement les fonds et valeurs qui ont fait l'objet du décret de l'illustre père de la reine Dona Maria, faut-il se borner à rappeler que ce document ne peut-être, en bonne conscience, argué d'inconstitutionalité ?

N'y a-t-il pas encore lieu de rappeler que tous les employés du ministère des finances de Dom Miguel furent congédiés le 31 juillet 1833, sauf le trésorier général, M. Conto, qui ne fut destitué que lorsqu'il eut (ce qui était indispensable pour leur recouvrement), procédé à l'endossement des traites acceptées par Outrequin et Jauge, de Paris, ainsi que par divers banquiers de Londres.

Quel est le jugement à porter sur ces faits? — Nous allons faire connaître un peu plus loin notre sentiment à ce sujet.

Lorsque cela se passait, Dom Pedro exerçait une autorité dictatoriale, que personne ne songeait à lui contester, ce qui était indispensable en égard aux conditions politiques dans lesquelles se trouvait alors le Portugal.

Il ne quitta cette autorité que lorsqu'il ne fut plus utile, dans l'intérêt du pays, qu'elle fût exercée.

A-t-on jamais, en Portugal, songé à taxer d'inconstitutionnel tout autre décret que celui qui concerne les sommes d'argent et les traites retrouvées dans le Trésor public, et provenant de l'emprunt 1832? — Non!

N'est-ce pas seulement, comme mesure d'ordre, dans l'intérêt même des souscripteurs de l'emprunt Dom Miguel, que Dom Pedro a voulu que le recouvrement des traites dont nous venons de parler fût effectué? — On ne saurait le nier : le décret du 31 juillet 1833, qui a été plus tard commenté par M. Soares (voir page 19), ne laisse aucun doute à ce sujet.

Ce décret, bientôt après, n'était-il pas reconnu comme valable par le représentant de la reine Dona Maria? (Voir page 19.)

Rien donc de moins sérieux que d'invoquer l'inconstitutionalité du décret de Dom Pedro! (1)

Nous n'insisterons pas davantage sur ce dernier point. Les bénéfices du décret rendu par Dom Pedro sont certainement acquis à notre cause.

Cela doit-il nous suffire? Nous ne le pensons pas.

Non-seulement, nous affirmons que nous avons droit, — proportionnellement au nombre des titres que nous représentons, — à une part dans les épaves de l'emprunt Dom Miguel, épaves qui ont donné lieu au décret du 31 juillet 1833; mais nous terminerons comme a conclu, dans sa remarquable consultation, l'honorable M. Adrien Huard, en faisant observer que chacun de nos titres de

(1) Voir, pages 23 et 24, l'extrait du rapport de M. le sénateur Louis Lebœuf.

l'emprunt Dom Miguel représente aujourd'hui, avec la capitalisation des intérêts depuis 1834, près de huit mille francs (8000 fr.) !

« De 1828 à 1833, Dom Miguel a gouverné le Portugal. Installé dans la capitale, il a, pendant toute cette période, dirigé les affaires tant à l'intérieur qu'à l'extérieur. Il a donc été le chef, non d'une insurrection, mais d'un gouvernement véritable, et les engagements qu'il a pris obligent son pays. »

On le voit, — et les hommes d'Etat portugais voudront bien eux-mêmes en convenir, — on ne pouvait mieux faire justice du grand, du seul argument invoqué contre l'emprunt de 1832 !

Nous nous arrêtons et nous attendons avec confiance la réponse que les Cortès portugaises voudront bien nous faire. Cependant, nous avons encore à faire remarquer que nous entendons ne prendre en main que la seule défense des intérêts qui se sont groupés autour de nous, voulant, de la sorte, pousser l'esprit de conciliation jusqu'à ses dernières limites, ce dont on nous tiendra certainement compte.

Le délégué du Comité des obligataires,

Étienne Vattier.

Paris, 17 avril 1875.

563.75. — Boulogne (Seine). — Imprimerie JULES BOYER

www.ingramcontent.com/pod-product-compliance
Ingram Content Group UK Ltd.
Pitfield, Milton Keynes, MK11 3LW, UK
UKHW022135260726
13993UKWH00003B/1448

9 782329 238883